千城 央 著
HISASHI CHIGI

邪馬壹国《やまいちこく》からヤマト国へ

近畿東海が大地震で倭国大乱に

SUNRISE

はじめに

ヤマト王権は国号を何と言っていたのか、古事記と日本書紀（以下『記紀』といいます）では大八洲国《おおやしまのくに》・葦原中国《あしはらののなかつくに》・秋津洲《あきつしま》・日本《やまと》・倭《やまと》・夜摩苔《やまと》と様々なのですが、前の三種は美称であって後のやまとが一般的な呼称であったとみられ、本書では大和《やまと》国と区別するためヤマトを用います。また、帝《みかど》や天皇という称号は飛鳥時代になってからのもので、それ以前は王であったとみられるのですが、便宜上、帝を用いることとします。

中国の国史である三国志《さんごくし》の魏志倭人伝《ぎしわじんでん》（倭の音読はイですが、日本ではワと読んできたのでそれに従い、以下『魏志』といいます）によれば、近江・山城・伊賀を根拠地としていたとみられる邪馬壹国《やまいち》（魏志には壹を台と記した本もありますが本書では壹を使用し、邪馬は墳墓の山、壹は市《いち》の表音文字とみます）の女王で大倭王《おおいち》（大倭は大市の表音文字とみます）でもあった卑弥呼《ひみこ》が亡くなったのは二四七年か二四八年のことであり、その後に男王が立って一時国内が混乱したものの、壱與《いちよ》女王の就位によって沈静化し、魏への朝貢を再開したとあります。その年は明らかになっていませんが、前後の関係からみて二五〇年ごろのこととみられます。

一方、美濃・尾張・伊勢を根拠地として邪馬壹国と敵対していた卑弥弓呼《ひみひこ》男王（弓は弼《ひつ》の省略字とみます）の狗奴《かぬ》国（狗奴は河沼の表音文字とみます）も存続していたとみられることから、ヤマト国がまだ成立していないことは確実で、その成立は二五〇年以降となることがわかります。しかも、その都が邪馬壹国や狗奴国ではなく、新天地である大和《やまと》の磐余《いわれ》に置かれたことは、前著『近江にいた弥生の大倭王《おおいち》』（二〇一四年、サンライズ出版）でも取り上げたところです。

ところで、長年に渡って論争が繰り返され続けてきた邪馬壹国の所在に関し、九州説はどうして成立し難いのでしょうか。当説の論者によくみられるのが、鉄器の遺物ひいては当時の生産量が最も多かったからというものです。すると、この国は二次産業中心の国となるのですが、鉄器加工には多くの薪炭《しんたん》を必要とするので、需要が増大したとき加工地を分散しなければなりません。現に、鉄器の遺物は弥生中期→後期→終末期となるにしたがって北九州→出雲→北陸へと移動しており、加工地が東方へ分散したことをものがたっています。

しかし、邪馬壹国は九八年から二八七年ごろまで続いた国なので、いかに膨大な森林を周囲に持っていたとしても、大量の鉄器加工を継続することは不可能なことです。

では、なぜ一九〇年間にも渡って倭国をリードする盟主国であり続けたのでしょうか。その秘密は、朝鮮半島や倭国内における交易で成り立っていたこと、東日本の開発が盛んとなってきたとき資材や人を送り込む拠点となっていたこと、米を中心とする食糧生産に余剰があったことによるもので、国々に市場があって大倭《おおいち》(大市)に統括させていたという『魏志』の記述からみても、今でいえば一次産業と三次産業が中心の国であったからとみざるを得ません。

もう一点は七万余戸という戸数上の問題ですが、なぜかこれに触れる論争はこれまでみられませんでした。当時、西日本の水田開発は相当な進展があって、フロンティアは中部や関東方面の東日本となっていたことからすれば、平安時代に作成された和《わ》名抄《みょうしょう》の水田面積を用いておおよその戸数を推計することが可能であり、その結果九州では成立しない戸数であることは明らかです。

次に、弥生後期の二大強国である邪馬壹国と狗奴国が、ヤマト国とどのような関係をもっていたのかについてですが、残念ながら中国の史書には記述がありません。『魏志』以後の倭人や倭国に関する記事は、二六六年と二八九年の条に朝貢があったことを記す晋書《しんしょ》のみです。

二六六年の記事は邪馬壹国の壱與女王のとき、二八九年の記事はヤマト国の崇神帝《すじん》のときと解されるのですが、晋（後世にいう西晋《せいしん》）は北方の遊牧民族が南下して混乱に陥り、華北は五胡《ごこ》十六国の時代となります。晋の元帝《げんてい》（司馬睿《しばえい》、在位三一七～三二二年）はその混乱を避けるため、三一七年洛陽から江南の建康（今の南京）に遷都して東晋《とうしん》を建てました。

倭人や倭国に関する記事が再び登場するのは、四一三年の東晋の安帝《あんてい》（一〇代司馬徳宗《しばとくそう》、在位三九六～四一八年）のときとなります。したがって、中国史では二九〇年から四一二年までの一一三年間、倭国に関する記事が一切無いことから、日本ではこの時期を謎の四世紀と称するようになりました。

一方、日本国史の初見となる『記紀』には、当時の状況を伝えているとみられる資料があります。例えば、卑弥呼女王の化身とみられるアマテラスと卑弥弓呼男王の化身とみられるスサノオが、天《あめ》の安河《やすかわ》を挟んで誓約《うけい》（互いの神威力《しんいりょく》を競って勝敗を決める儀式）を行った結果、スサノオは自分が勝ったといってアマテラスが所有する水田の畔《あぜ》を壊し、大嘗祭《だいじょうさい》を行う神殿に屎《くそ》をまき散らしたうえに、馬の生皮を剥《は》いで機屋《はたや》に投げ入れます。ショックを受けたアマテラスが天《あめ》の石屋戸《いわやと》に隠れてこの世が暗闇となったため、八百万《やおよろず》の神々が天の安河の河原に集まって事後対策を相談し、天の石屋戸を開けてアマテラスにお出ましを願うとともに、スサノオの神威力を無くすため髭《ひげ》と手足の爪を切って高天《たかま》が原《はら》から追放しました。

この神話の解釈については本編に譲りますが、『記紀』については江戸時代の後期から盛んに研究されてきたものの、国粋主義に偏りすぎて軍国主義の増長に加担したとみられたことから、戦後は単なる創作神話とする極端論が登場し、史実としての価値は否定されるということもありました。

初期の弥生時代における国の規模は、律令時代の郡《こおり》程度という小規模な王国でしたが、時代の経過とともに水系ごとにまとまって中規模となったところもあり、後期には交易の結び付きを強めて連合や同盟を進めたグループも生まれます。

　こうした国にはシャーマンである王がいて神事を司り、その王の指示のもとに現実の政事を切り盛りする摂政王もいました。こうした二人王制による祭政一致の統治は、古墳時代はもとより飛鳥時代まで続きます。

　しかし、国粋主義の偏重や軍国主義の増長を生んだ大本が古代国史にあるとし、いかがわしいうさん臭いもの、あるいは全く価値がないものと断ずる風潮はいかがなものでしょうか。その責任は、国際化社会における日本国の後進性を短期間に改めようとした近代日本人の未熟さや短慮にあったのであって、古代史やその著作者にあったわけではありません。また、現代人の価値観とは大きな違いのある古代人の思想や行動を批判し、古代史を葬り去るとか、発掘した考古学の資料だけが正しい歴史を示すといった極端な見解にも疑問があります。

　その結果、日本の国がどのようにして統一されたのか、日本人であれば誰でも興味を抱く歴史的解明がおろそかになった感は否めません。日本の史書・中国の史書・考古学の成果を駆使すれば、相当のレベルに引き上げることが可能となることは当然の帰結です。

弥生文化を先導的に牽引してきた人々が身に着けていた文化文明を理解するには、遺された事物を総動員し、当時の人々の身になってそれらの解明にあたることが大事であり、その意味において『記紀』にも新たな光を当てることも必要であると思えてなりません。

その場合、国を統治するための根本思想であった陰陽五行説《いんようごぎょう》が、留意すべき基本的な事項であることをきちんと認識することが必要となります。日の出の前と後のまつりごとを二人の王が分担するのは、陰陽のバランスをとるという思想があるからで、これが乱れれば世の中に凶をもたらすと信じているからにほかならず、弥生の王国には二つの型がありました。

①　男王型

夜の世界と神事を司るシャーマンの兄王が天神（北極星神、アメノミナカヌシ）で、昼の世界と政事を司る摂政の弟王は日神（太陽神、アマテラス）となる。

この型をとる国は北極星によって正確な方位を定め、星座と太陽の動きによってときや季節を把握する国で、海幸彦の国や船を使う交易国、フロンティア開発国に向いており、男王時代の邪馬壹国、男帝時代のヤマト国、狗奴国などはこの型に属する。

②　女王型

昼の世界と神事を司るシャーマンの姉王が日神（太陽神、アマテラス）で、夜の世界と政事を司る摂政の弟王は月神（ツクヨミ）となる。

この型をとる国は太陽の動きと月の満ち欠けによってときや季節を把握する国で、農業を主とする国や山幸彦の国に向いているが、正確な方位の確定に難点があるため、船を使う交易国やフロンティア開発国には不向きであり、『記紀』神話における高天が原、女王時代の邪馬壹国、女帝時代のヤマト国などはこの型に属する。

ときや季節の把握、あるいは方位の確定が国の統治にとって極めて重要な問題であるといわれても、現代人にとっては理解できないかもしれません。しかし、祭政一致を統治形態としていた古代の王国にとっては切実な問題であって、男王型から女王型に変えるということは極めて困難なことですが、弥生後期の一七八年以降に東海と近畿で起きたとみられる大震災、つまり倭国大乱ではこうした革命的な出来事がありました。

弥生の王らは庶民の上に君臨していたとはいえ、天変地異があれば責任を取らされて与殺されるという厳しい現実があったため、ヤマト国としてはどこに都を置くべきか、大いに腐心したであろうことを本書によって知っていただければ幸いです。

目次

第一章　中国の史書にみる倭人・倭・倭国

一　中国大陸にいた倭人

春秋戦国時代の倭人

中国の史書に登場する倭の読み方は漢音ではイ（正確にはゥイ wI）ですが、江南ではオ（正確にはゥオ wO）と発音したので、日本ではワと読むようになったという説があるものの定かではありません。

読み方の慣習自体に問題はないのですが、中国の史書は漢人中心主義もしくは漢人優越主義で貫かれており、周囲の異民族の名称や固有名詞には倭・邪馬壹国・卑弥呼などと現地語の発音だけを借用し、劣等で野蛮だということを強調するため侮蔑的、差別的な漢字を敢えて充《あ》てています。漢人のために書かれたものですから当然といえばそれまでですが、お世辞にも立派な漢字を充てることはないという彼らの流儀を確認したうえで解釈に臨む必要があります。

中国の史書に記載された倭に関する初めての記事は、戦国時代から漢に至る間（前四〇三～前二〇二年ごろ、著者不明）に書かれた山海経《せんがいきょう》という古代の地理書にあります。

「蓋《がい》という国は大燕《だいえん》国の南、倭の北にあって、倭は燕に属する」

ここにある倭とは渤海《ぼっかい》湾や黄海、東シナ海の沿岸に住んでいた東夷《とうい》の倭人を指したとする見方が通説です。つまり、倭人の元々の居住地は中国大陸の東岸にあって、その一部の者が交易の拡大や戦争に伴って日本列島に移住してきたとみられるからです。したがって、日本列島に住む縄文人を指していたのではないということを示した史書です。

山海経を補強する資料として使われるのが、後漢《ごかん》の許真《きょしん》が編纂した説文解字《せつもんかいじ》という辞書です。この中にある倭は次のように読めるから、日本列島を示したものであるとの主張になっています。

「倭とは柔順な様をいう。人の言うことによく従う。周へ行く王道は倭に行くように果てしなく遠い（倭遅）と詩経《しきょう》にある」

しかし、詩経から引用した周道が周の王道であることは理解できるのですが、原文にある「倭遅」という表現が何を意味しているのか不明であるといわざるを得ません。この出典をもって日本列島に関連付けるのは無理があるのではないでしょうか。
また、後漢《ごかん》の王充《おうじゅう》が編纂した論衡《ろんこう》には次のようにあります。

「周の時代は天下太平で、越裳《えつしょう》（ベトナム人）が白い雉《きじ》を献上し、倭人が鬯草《ちょうそう》（ウコン）を貢納した。そこで白い雉を食べて鬯草を服用したが凶（病気のことか）を除くことはできなかった」

ウコンの産地は江南であったことをみれば、ここでいう倭人とは大陸にいた人のことであったとみるべきでしょう。

交易の隆盛と国家再編

弥生時代の前期と後期は地球規模で気候が寒冷化し、大陸では民族移動に伴って戦争が頻発し国家再編が活発だった時代です。一方では銅器・鉄器の登場によって金属文化が広がり、農林漁業の生産性が著しく向上し、人々の生活圏が大きく拡大した時代でもありました。

その下地となったものに、殷《いん》の時代（前一七〇〇〜前一一〇〇年ごろ）に導入された世界で初めての通貨である子安貝《こやすがい》（宝貝）や殷周時代（前一七〇〇ごろ〜前七七一年）の卜占《ぼくせん》に使用された亀甲《きっこう》の取引、江南地方に古くからあったスイトウ（水稲）栽培の伝播《でんぱ》があります。

その立役者が海人《かいじん》族であったことは確かですから、山東半島から淮河《わいが》流域にかけての地域（山東省・江蘇省）にいた東夷の倭人、あるいは江南の地域にいた南蛮の百越《ひゃくえつ》人（江蘇省・福建省・浙江省方面）はもちろんのこと、九州や沖縄にいた縄文系の海人もまたそれを担っていたことは確実でしょう。

倭人の居住域は、春秋時代（前七七〇〜前四〇三年）になると山東半島以北（河北省・山

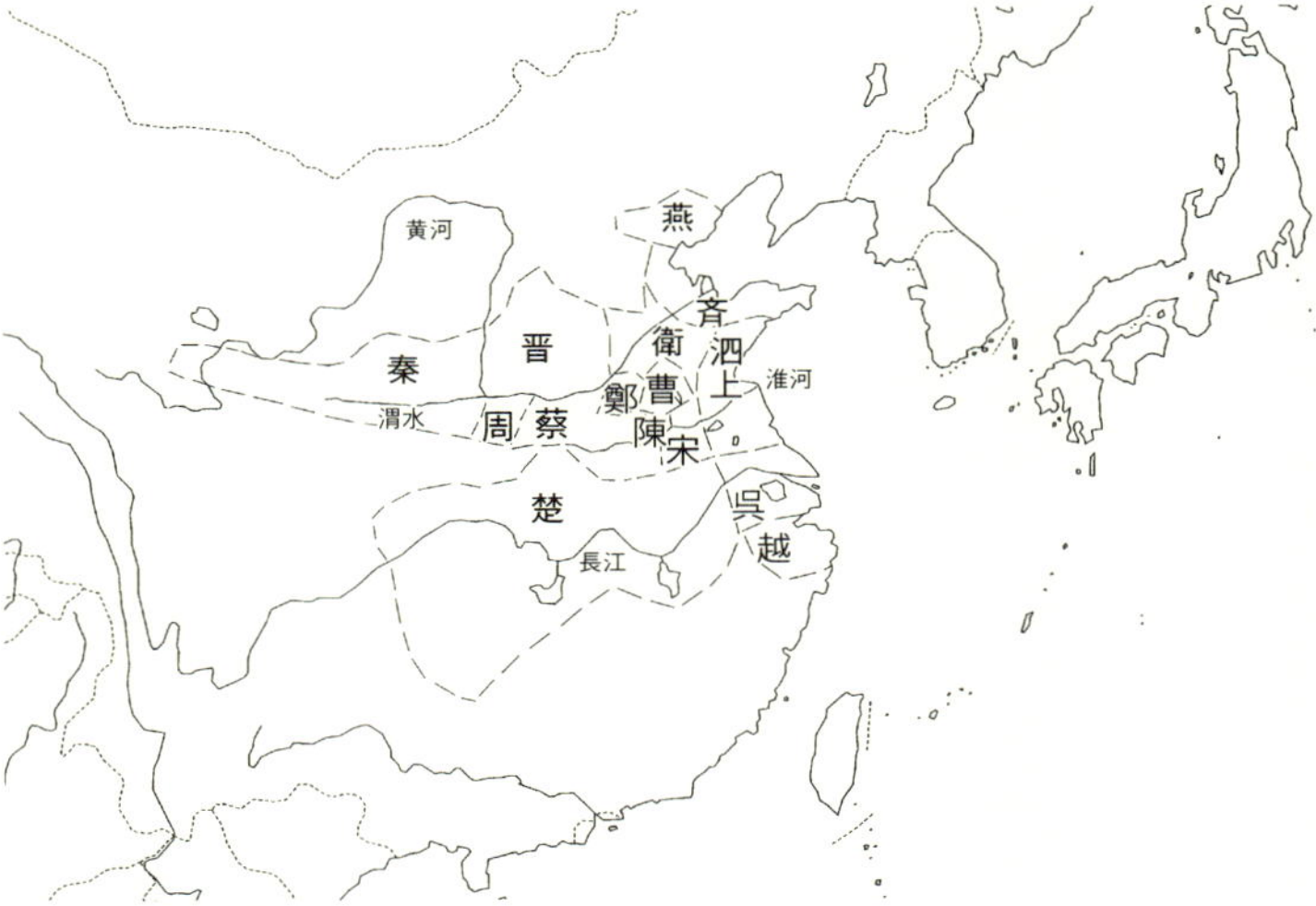

図１－１　春秋時代の国々

東省の一部）が斉《せい》に属し、淮河流域（山東省・江蘇省の一部）は小国に分かれて泗上《しじょう》諸侯（九カ国）となり、呉《ご》（江蘇省の辺り）の庇護下にありました。呉は周王朝の皇族であった太伯《たいはく》が王位継承争いに敗れ、東方に逃れて創建した国といわれています。ですから、後年になって日本列島に移住した倭人の子孫は、自らを太伯の末裔であると称したのでしょう（晋書・梁書）。

　倭人は大陸に住んでいたときから断髪（髪を切ること）をして体に文身《ぶんしん》（刺青《いれずみ》）をし、クジラの縞《しま》模様のような顔をしていたことから、鯨面《げいめん》といわれていました。また、山東省の辺りで塩を作り、商《しょう》という連合国家を黄河下流域に建てた殷《いん》人も同じ風習を有する東夷です。

淮河流域には黄河や長江が流れ込んでいた時代もあって、広大な湿地帯いわゆるデルタ地帯ですからその生活に船は必需品であり、彼らはその船を操って広く交易を行っていたとみられます。泗上の小国は前五〇〇年から前二〇〇年の間に全て滅びました。当時の戦争では破れた側の住民が、勝利国の奴隷となるのが常です。しかし、それを免れるため周辺国に逃亡することも避けられず、まさに国破れて山河ありの状態となったことでしょう。

倭人と越人の逃亡

春秋時代の越《えつ》（浙江省の辺り）と呉は激しい戦いを繰り返し、臥薪嘗胆《がしんしょうたん》の復讐戦となったことで有名な故事となりました。戦国の覇者となった呉王闔閭《こうりょ》が、前四九六年越王勾践《こうせん》に敗れて呉が滅びたとき、あるいは戦国時代（前四〇三～前二二一年）になって越が前三三四年に江南の大国であった楚《そ》によって滅ぼされたとき、多くの逃亡者があったことは想像に難くありません。

こうした争乱期に船で逃亡した一部の倭人や百越人の中には、北九州や山口県西部に漂着した者がいたとみられ、一九九九年日中の専門家によって江蘇省と日本の遺跡で出土した埋葬人骨を比較検討したところ、共通するもののあることがわかりました。古モンゴロイド系に属する縄文人とは異なった特徴を有し、長身面長な新モンゴロイド系に属する人々です。倭人は断髪刺青《だんぱついれずみ》の他に、上あごの犬歯二本を抜歯する慣習をもっていたのですが、その抜歯が確認されたということです。なお、日本列島に漂着した越人と倭人は、大陸にいたとき敵対関係にあったことから、漂着後も対立して戦いが行われたのではないかとの説も否定はできないでしょう。

日本列島にはそれ以外にも、例えば殷の滅亡、秦による国家統一、漢による朝鮮の支配などに伴って多くの渡来民があった可能性は高いとみられます。なぜなら、中国が統一集権国家になったとき上流層の王侯貴族、役人、治安維持のための職業兵士が増加したほか、大々的な道路や河川の土木工事が行われるなどして、民衆に対する課役の負担が重くなり、それを免れるため周辺国に逃亡することがよくあったからです。

二　楽浪海中に移住した倭人

前漢の時代

漢書地理志《かんじょちりし》は後漢の班固《はんこ》らによってまとめられた前漢《ぜんかん》時代（前二〇二〜紀元八年）を記す国史ですが、その燕《えん》国の条に次のような記述があります。

「即ち、東夷《とうい》の人は天性従順であって、北狄《ほくてき》・南蛮《なんばん》・西戎《せいじゅう》とは異なる。中国で道徳が行われなくなったことを孔子が悼《いた》み、船で海を渡って東夷の国に住もうと望んだのはそのためである。楽浪郡から海を渡ったところに倭人がおり（楽浪海中に倭人有り）、百余国に分かれているが、皇帝に朝見したいといって渡海に適切な年に来朝している」

国が破れたとき東夷の倭人は北方の渤海湾岸、朝鮮半島あるいは日本列島などの周辺国に逃亡し、渤海湾岸は燕国の領土で朝鮮半島にも勢力が及んでいたことから、この書では燕国関連の記事として取り上げたととれます。

これらの記事からして、当時の中国人からみた倭人の居住地は、日本列島に住む人々と限定していないこと、ましてや日本列島に住む縄文人と大陸からの渡来人を合わせて倭人といっているものでもないことは明らかです。

したがって、「楽浪海中に倭人有り」とは、朝鮮半島沿岸の島々や日本列島の中に移住した倭人が住んでいるという意味で、その性質は従順であるから倭という漢字を充てたのだとわかります。

五七年に後漢へ朝貢

後漢書《ごかんじょ》は五世紀になってから南朝宋の范曄《はんよう》らによってまとめられた後漢（二五〜二二〇年）の正史ですが、この書は『魏志』が書かれてから一五〇年を経た後のことですから、記事の大半は『魏志』を転写したものとみられます。ただし、五七年の光武《こうぶ》帝関連の記事には、朝貢があったことを記すなど注目すべき新しい内容があります。

「倭は韓《かん》の東南の大海にある。国には漢語の通ずる国が三十カ国ほどあって国ごとに世襲の王がおり、大倭王《おおいち》に就任した者は邪馬壹国《やまいち》に居住している。その中の一つの国である奴国《ぬ》が建武中元《けんむちゅうげん》二年（五七年）に朝賀し、使者は自らを大夫《たいふ》と称している。その国は倭国の南の果て（極南海）にある国で、光武帝《こうぶ》が印綬《いんじゅ》を授けた」

これまでは楽浪海中にいた倭人という表現であったものが、朝鮮半島の南部にあった韓の東南海にある国と改めており、はじめて日本列島を意識したとみられることです。しかも、これまでは単に百余国でしたがそのうち三十カ国ほどには漢語のわかる通訳がいるとより具体的になっています。したがって、中国人の感覚からすれば、大陸の東岸にいた倭人の一部が日本列島に移住し、新たな国をつくっているとみたことになります。

『魏志』にない新しい記事の一点目は、邪馬壹国に大倭王即ち大市王が住んでいることです。しかし、前著で指摘したように倭国大乱（一七八～一八四年）以前の邪馬壹国は男王であったとされ、その年は九八～一七七年となるので、五七年時点で邪馬壹国は成立していなかったはずですから、この記事をここに挿入したことは誤りとなります。

また、奴国が倭の「極南海」にあるという二点目の記事ですが、『魏志』には北九州にあった奴国と邪馬壹国の傍らにあったとされる二一カ国の最後にもう一つの奴国があります。後者は関東地方の低湿地帯にあって邪馬壹国の大市王が大市を派遣していた国と想定され、卑弥呼女王か壱與女王の時代と解されることから、この記事の挿入も誤りとなります。おそらく、二つの奴国はあり得ないので一つと判断し、最後に書かれた奴国が正しいと誤解をしたことによるものでしょう。

前著でみたとおり、北九州の奴国と伊都国の前身である面上《おか》国は前漢時代から朝貢し、奴国の支配地は朝鮮半島の南部にもあってその影響力を無視できないので後漢が金印紫綬を与えたとみるべきものです。ところが、倭国における銅器や鉄器の著しい増加は中期後葉の出雲に顕著であることからみて、大市王が諸国の市場をネットワークで結ぶ仕組みをつくったのは前漢時代とみざるを得ません。

また、それをまとめあげたのは北九州の奴国王ではなく、北九州→出雲→播磨→摂津→近江へと東遷してきた大市王の風水師とみられ（第五章・第六章参照）、日本海側に面した国々の連合が成立していたのは確実でしょう。その当時の出雲国は東方を開拓するための拠点国家となっており、交易に必要な砂鉄などの鉄材や玉材の収集を行うとともに、開拓に必要な銅器・鉄器の需要に応える必要があったとみられ、大市王はどこに住んでいても面上国を支配下に置いていたと解することが妥当です。

こうした流れをみたとき、福岡県の志賀島から出土した金印の刻字は「漢委奴国王」とあって、この読み方は「漢の倭の奴の国」ではなく「漢の委奴《いぬ》国」であり、委奴国とは伊都国のことであるとする説があるものの、それは成立し得ないものです。

邪馬壹国と大倭王の読み方

『魏志』によれば「邪馬壹国」は「邪馬台国」と記した本もあり、通説によれば「壹」は「臺」の誤りで「台」は「臺」の省略文字とし、読み方はヤマタイコクもしくはヤマトノクニです。しかし、中国で「臺」を用いるのは皇帝が居住する都や仙人がいる所に限定されるので東夷の蛮族の国に「臺」を用いるはずがないという批判には理があります。

したがって、「壹」と「台」を用いたことに誤りはなく、倭語の「市《いち》」に対応するイチもしくはイの表音文字であるとみるべきです。また、「邪馬」は「山」の表音文字ですが自然の山ではなく人工的に盛り土をした墳丘墓や古墳を指しており、墓地の周辺で市《いち》を開いていた国という意味になります。

「大倭王」のこれまでの読み方はダイワオウもしくはオオヤマトオウですから、百余国の上に立つ邪馬壹国の王とする解釈です。ところが、邪馬壹国は狗奴国と対立して戦っていたことは明らかなので、撰者の書き過ぎあるいは勇み足であるとする解釈が通説です。

ならば、『魏志』にある市場の監督官である「大倭」を何と読むのか、ダイワまたはオオヤマトなのでしょうか。それでは意味も読み方も整合性が取れません。また、東夷の蛮族とみる倭に「大」という敬称をつけることも理解し難いことです。

ここで思い出してほしいのが、漢人は四囲の蛮族に関する国名や氏名、役職名などには漢人のそれとは区別するため、卑賤な漢字を充てるという原則です。「大倭王」と「大倭」は役職名であって主従の関係にあり、卑賤な漢字の倭を充てて発音のイが借用された表音文字とみるべきです。すると、「大倭」とは市場の監督官のことですから役職名は「大市《おおいち》」となり、「大倭王」とはその任命権を持つ「大市王《おおいちおう》」のことだとわかるでしょう。

卑弥呼女王か壱與女王の墓ではないかとされる奈良県の箸墓古墳《はしはか》（桜井市）が、通称では大市墓《おおいちばか》といわれている由縁もここにあります。造営年代からして壱與女王の可能性が高いのですが、そのことは統一ヤマト王権の成立のところ（第六章）で説明します。

邪馬壹国の王は国内を統治する通常の権限のほかに「大市」を任命して諸国に派遣し、市場を開く権限を持ち合わせていたということになり、倭国内で国家連合というネットワークを築く手段の一つを確認できたことになります。

一〇七年に後漢へ朝貢

後漢書にあるもう一つの記事は、一〇七年の安帝《あん》に関するものです。

「安帝の永初《えいしょ》元年に倭の面上国王である帥升《そつと》らが、王に仕える下僕（生口《せいこう》）一六〇人を献上し、皇帝に謁見したいと願ってきた」

面上国《おか》（九世紀の通典《つてん》では面上国王が面土国王となっているが、その意味は海に面した岡の国と解されるのでオカと訳して読みます）とは、大陸との交易窓口で福岡県糸島市にあった伊《い》都《ち》国の前身国とみられ、『魏志』によれば代々王がいて女王国に統治されていたとあり、その解釈は大市王である邪馬壹国王の支配を受けていたということになります。

であれば、交易の拠点は前漢時代から糸島にあり、一〇七年の時点では邪馬壹国の男王の支配を受けていたとなるのですが、面上国がいつから伊都国に変わったのでしょうか。その時期は倭国大乱後に卑弥呼が邪馬壹国の女王に共立された一八五年ごろ大市王が女王となったことにより、男王の面上国が女王の伊都国に変わった可能性が高いと解されます。

したがって、男王墓とみられる糸島市の井《い》原鑓溝《わらやりみぞ》遺跡は面上国王で女王墓とみられる平原《ひらばる》遺跡は伊都国王となり、いずれの遺跡もこれまでは弥生後期中葉の時期とされてきましたが、後期後葉が妥当ではないかと思われます。

この朝貢にある一六〇人の「生口」を奴隷とするのが通説であるものの、「口」という漢字の成り立ちは神に願い事を書いた札を入れる箱のことですから、単なる奴婢《ぬひ》(奴隷)ではなくシャーマンの王に仕える下僕で、実態は神楽舞《かぐらまい》のできる舞手《まいて》であったとみられ、皇帝を慰めるため宮殿で行われた各地方の舞楽の一つとして参加するためであったと考えられ、大人数の舞楽団ですから連合に加盟している各国から集められたに違いありません。

伊都の読み方ですがこれまではイトでした。しかし、ここに漢人の商人が住んで倭国との交易に携わっていたことがわかっており、倭国内にあった中華街ともみられる特殊な町ですから、漢人が住んでいたので都という字をあえて使用しているものの実態は市《いち》の町であってイチと読むべきです。また、一支(壱岐)はイチキがイキに変化したとみられ、意味は市人《いちびと》が往来する所という意味でしょう。

三　日本列島に移住した倭人

魏の時代

三国志にある魏志《ぎし》は魏（二二〇～二六五年）の正史で、西晋《せいしん》の陳寿《ちんじゅ》がまとめたものです（二八五年前後の成立）。魏の統治が終わって間もなく編纂されたものですから東夷七カ国に関する豊富な資料があったとみえ、中でも倭国に関する分は長文かつ詳細で資料価値としても抜きん出ているものです。

「末盧《まつら》国から東南方向に陸路を五〇〇里行けば伊都国に着く。（中略）それらの国には代々王がいるものの、みな邪馬壹国に従っている。（中略）東南に百里行けば奴国に着く。（中略）二万余戸ある。（中略）南に行って投馬《つしま》国に着く。水路で行って二〇日かかる。（中略）五万余戸ばかりある。（中略）また南に行って邪馬壹国に着く。女王が都を置いている所である。水路を行けば一〇日、陸路を行けば一月かかる。（中略）七万余戸ばかりある」

末盧国の中心地は佐賀県唐津《からつ》市の辺りとみられるので、東南は北東の誤りであり九〇度ずれていること、それらの国とは対海（対馬）国・一支（壱岐《いき》）国・末盧（松浦）国・伊都（糸島）国の四カ国を指しています。

奴国の中心地は福岡市の辺りとみられ、奴とは沼のヌで湿地帯が多かったことによるもので、東南は北東の誤りで九〇度ずれています。また、二万余戸という戸数は邪馬壹国の七万余戸、投馬国の五万余戸に次いで三番目の多さとなります。

二カ所に出てくる南は東の誤りであり九〇度ずれています。投馬国とは瀬戸内では最も早く水田稲作を導入し、水田面積が近江国に次ぐ広さのあった吉備《きび》国とみられ、その中心は岡山市の津島の辺りにあったと考えられます。したがって、北九州からここまで来るには水行に限られ、ここから邪馬壹国へ行くには水路と陸路があるので二通りを記載したととれます。

なお、『魏志』にある国別の戸数と平安時代に作成された和名抄にある水田面積からすれば、一万戸当たり六千町歩即ち一戸当たり平均六反歩となり、五人家族とすれば律令制の口分田制度からみても妥当なことは前著で指摘したところですが、これに『記紀』の記載事項を重ねてみたとき（第五章参照）、邪馬壹国と狗奴国の所在範囲と戸数は次のようになると想定され、邪馬壹国とは近江・山城・伊賀を合わせた国であるとみられることから、その限りにおいて前著の記載事項は修正します。

参考までに、このころの朝鮮では一戸当たり平均五人であったとされており、竪穴住居の広さは倭国とそれほど変わらないものであったことから、人口はこれを基に推計したものです。これをみると、律令時代と違って国家の課役負担が少ないためか意外と人口が多く、人々の生活は暮らしやすかったのではないかと思われました。

①　邪馬壹国	四六四一六町歩	七七三六〇戸	三八六八〇〇人
近江	三三四〇三	五五六七〇	二七八三五〇
山城	八九六二	一四九四〇	七四七〇〇

伊賀	四〇五一	六七五〇	三三七五〇
② 狗奴国	三九七七五町歩	六六三〇〇戸	三三一五〇〇人
伊勢	一八一三一	三〇二二〇	一五一一〇〇
尾張	六八二一	一一三七〇	五六八五〇
美濃	一四八二三	二四七一〇	一二三五五〇

「女王国より以北は、概略で戸数や距離を記載することができるものの、その他の傍国は僻遠の地にあるので詳細はわからない。したがって、国名だけを記載する。次に斯馬《しま》国がある。（中略）次に奴国がある。この国が女王の支配する領域の終わりとなる。女王国の南に狗奴《かぬ》国があって男子を王としている。その国の長官は狗古智《かこち》卑狗《ひこ》である」

北は西の誤りであって九〇度ずれていること、僻遠の地にある二一カ国の傍国とは、宮崎県児湯《こゆ》郡や北陸、北信濃、関東にあって大市を派遣していた国々のことであり、国王の埋葬墓は円形周溝墓を採用し、大市のそれは方形周溝墓で刀剣や玉類が出土した所であるとの想定を前著で指摘したところですが、斯馬国と奴国は常総の霞ヶ浦と北浦の周辺にあった国とみられるものです。
南は東の誤りであって九〇度ずれていること、狗奴の読み方はこれまではクナが多かったものの、川や沼の国という意味で所在は濃尾平野とみられることからカヌが妥当であり、長官の狗古智卑狗とは囲い地の長（環濠集落の首長）という意味でカコチヒコと読むべきです。

「女王国までの距離は一万二千余里である。（中略）その距離からみて、女王国は会稽《かいけい》（浙江省紹興市）・東冶《とうや》（福建省福州市）の東にあることになる。（中略）国々には市場があって物々交換をしているが、市場には大倭《おおいち》（大市）という役人を置いて監督させている。女王国の以北には、特に一《いちの》（市）大率《おおいざ》という役人を置いて諸国を査察しており、諸国はこれを恐れてはばかっている。その役人は常に伊都国でその任務にあたっている」

距離は魏の一里が不明なので概測としてみるしかありませんが、位置は中国江南の東側ですから沖縄方面のように記載しているので、日本列島全体の方位を九〇度誤っています。

北は西の誤りであってここでも方位は九〇度ずれています。結局、『魏志』にある方位の全てが九〇度ずれるという結果になりました。すなわち、撰者の頭には倭国が朝鮮半島の東南にあるという決めつけがあるのです。それは単なる誤りではなく、陰陽五行説に基づく法則に従っているからにほかなりません。

秦の方士《ほうし》(仙人術の修行者)であった徐福《じょふく》は、神仙の住む蓬莱島《ほうらいとう》に行って仙薬を持ち帰ると始皇帝に奏上し、東南の海へと船出しました。古来中国には東南方向を神仙の世界とする考え方があります。統一国家の本体である中華は九つの州から成っており、東南にあった州を神州と称していたのもそのためです。

神州では神人《しんじん》を国の守護神とみる思想があり、その彫刻を城の入り口となる楼門に飾る風習がありました。秦の始皇帝は皇帝を称した後に真人《しんじん》と称したことから方士らの反発があり、徐福が旅立ったのは仙薬を持ち帰るためではなく逃亡するためであったとの説もあります。

こうした思想背景から、日本列島に住む倭人が長寿なのは仙薬のせいだと思い込んでいたとみられ、現地からの報告がどうあろうと撰者は東南の方向に是正することになります。実はこうした思想は『記紀』にもみられます。天孫降臨の地が九州の東南であったということ、神武帝の東征がそこから始まったとする神話がまさにウリ二つです（第五章参照）。

一大率という査察官の役職名には「市」の代わりに「一」を用いていますが、その役割は市だけではなく外国との通行や通運も対象となり、時には武力をもって取り締まったとみられるので、今日でいう税関のような役割を果たしていたのでしょう。なお、率《いざ》とはイザナギ・イザナミのイザで決意をするとか武人を表す言葉です。

「邪馬壹国はかつて男王であって、その時代が七、八十年続いたが、その後倭国大乱となって数年を経た。そこで協力して卑弥呼という女子を王にした。（中略）卑弥呼の死後男王を立てたが国中がそれに従わなかった。互いに殺し合って千人余が死んだ。そこで卑弥呼一族の長である一三歳の壱與という女子を立てて王としたしたところ、ようやく国中が収まった。そこで使者の張政《ちょうせい》らは壱與に檄文を告げて諭した。壱與は倭の大夫で魏の率善《そつぜん》・中郎将《ちゅうろうしょう》でもある掖邪狗《わきやく》ら使者二〇人を派遣して張政らを送った。そこから魏の都に上り、王に仕える下僕男女三〇人を献上し、真珠五千個、ヒスイの大きな勾玉《まがたま》二枚、珍しい模様の倭錦《わにしき》二〇匹を貢納した」

男王の時代は九八年から一七七年で、倭国大乱が一七八年から一八四年、卑弥呼女王擁立が一八五年ごろとなり、この年に遼東郡太守公孫度《こうそんど》を介して後漢に朝貢したとみられることは前著で指摘したとおりです。この後、卑弥呼女王は景初二年(二三八年)一二月、正始四年(二四三年)、正始六年(二四五年)の三回魏に朝貢し、親魏倭王の印綬や銅鏡一〇〇枚などを下賜されましたが、二四七年ないしは二四八年に死亡しています。

卑弥呼女王の死後、邪馬壹国は男王を立てたものの国内が混乱し、壱與を女王に立てようやく落ち着き、魏の使者を帯方郡《たいほう》に送ってから都の洛陽に上って魏帝に拝謁し、朝貢をしたとありますが、その年がいつであったのか記載がありません。おそらく、二五〇年ごろとみられます。

晋の時代

晋書は七世紀の唐の時代に房玄齢《ぼうげんれい》らによってまとめられた晋（二六五～三一六年）と東晋（三一七～四二〇年）の正史です。記事は下記以外にもありますが、『魏志』の転写とみられるので省略します。

「倭人が来て貢物を献上した。円丘・方丘を南北の方向に合わせそこに境界を造り、冬至・夏至の祀りをその境界に合わせて行っている」

この記事は二六六年一一月の条にあるもので、邪馬壹国の壱與女王の時代のことと解され、象鼻山《ぞうびさん》古墳群（岐阜県養老町）と関連があるので詳細は次章に譲ります。

「この年、東夷の絶遠三〇余国と西南夷の二〇余国が来て朝貢した」

二八九年の記事にある東夷の絶遠三〇余国とは邪馬壹国連合を指したもので、海を隔てた遠い国なのでこの表現を用いたとみられます（第六章参照）。

「この年、高句麗《こうくり》、倭国及び西南夷の銅頭大師（雲南省方面の国）が並んで朝貢品を献上した」

東晋の四一三年にあるこの記事はいわゆる倭の五王の時代に相当するのですが、宋書にはこれとは相いれない記事があることから、倭の朝貢はつくられたもので実際にはなかったとする説も出されています。

初めにみた倭人の定義とこの項にある倭人の定義では明らかに変化をしており、倭人イコール日本列島の住人となりました。しかし、中国大陸に残っていた倭人もいたはずですが、その記述はみられなくなります。統一国家の実現によって四囲の蛮族とみられた特異な風俗風習が失われ、次第に漢人化したことに伴うものでしょう。

こうした変化に拍車をかけたのが、四世紀から始まった南北朝時代の到来です。気候の寒冷化に伴って北方の民族が南下し、華北にいた一部の漢人は南に移動して新たな国家をつくったことにより、華北の中原を中華とみていた漢人の中華思想に大きな変化が生じました。漢人は蛮地に移住しても自らの文化を捨てないばかりか、その地にある独自の文化を否定して統一国家を拡大してきたという自負心をものがたっていることにほかなりません。

宋の時代

宋書は南朝宋の徐爰《じょえん》と梁の沈約《しんやく》によってまとめられた宋（四二〇～四七九年）の正史です。

「倭国は高句麗の東南の大海の中にあって、王は代々朝貢を繰り返してきた。

四二一年高祖武帝は遠方から朝貢した倭王の讃《さん》に官職を与えよと命じた。四二五年太祖文帝の時、讃は司馬曹達《しばそうたつ》を使者として再び朝貢を行った。讃が死んで弟の珍《ちん》が立ち、自ら使持節《しじせつ》・都督倭百済新羅任那秦韓《ととくわくだらしらぎみまなしんかん》（辰韓《しんかん》）慕韓《ぼかん》（馬韓）六国諸軍事・安東《あんとう》大将軍・倭国王と称して朝貢をしてきたが、安東将軍・倭国王に叙した。また、珍は倭の隋《ずい》ら一三人に平西《へいせい》・征虜《せいりょ》・冠軍《こうぐん》・輔国《ほこく》という将軍号を求めて認められた。四四三年倭国王済《せい》が朝貢をしてきたので安東将軍・倭国王に叙した。四五一年倭国王済に使持節・都督倭百済新羅任那加羅秦韓（辰韓）慕韓（馬韓）六国諸軍事の称号をさらに加え、上申してきた二三人を将軍・郡長官に任じた。四六二年済が死んでその世継ぎの興《こう》が孝武《こうぶ》帝に朝貢をしてきたので安東将軍・倭国王に叙した。興が死んで弟の武《ぶ》が立ち、自ら使持節・都督倭百済新羅任那加羅秦韓（辰韓）慕韓（馬韓）六国諸軍事・安東大将軍・倭国王と称していた。四七八年順《じゅん》帝の時、武が『我が国は遠い辺地にありながら中国に仕えてきた。昔から祖先は甲冑を着て山川を跋渉し、落ち着く暇さえなかった。その結果、東方の毛人五五カ国を征し、また西方の衆夷六六カ国を服し、対馬海峡を渡って九五カ国を平定した（後略）』という上表分を奉

呈し、使持節・都督倭百済新羅任那加羅秦韓（辰韓）慕韓（馬韓）六国諸軍事・安東大将軍・倭王に叙した」

三世紀後葉になると鮮卑《せんぴ》の慕容《ぼよう》族が扶余《ふよ》に侵攻し、四世紀になると高句麗《こうくり》が遼東郡を攻めて鴨緑江《おうりょっこう》の流域を確保したことにより、晋が支配していた朝鮮半島の楽浪郡と帯方郡は飛び地となり、三一一年には都の洛陽が匈奴《きょうど》によって陥落するという事態になりました。そのため、本国の支援を受けられなくなった楽浪郡と帯方郡は三一三年から三一四年にかけて放棄されます。二郡の滅亡は倭国に大変なショックを与えたことが予想され、中でも交易や軍事面で後ろ盾としていた邪馬壹国連合にとっては致命的な打撃を被ったとみられます。

第二章　魏志にみる東夷七カ国

一　北東アジアの東夷

魏志の情報量は突出

『魏志』は的確性において史記に劣るとの見解があるものの、事実上古代史における北東アジアの歴史文化を記す初めての史書であり、情報量においても突出した価値を有しています。

史書としての『魏志』の価値は優れたものですが、中国が周辺国を支配下におさめるため各方面に進出したとき、在地の国々の伝統文化は認めずに自国のそれを押し付け、重い課役を賦課する統治方式ですから、現地民がそれに抵抗するのは当然のことで、漢・魏の統治をもってしても安定はしません。こうした統治を完結するために集めた詳細情報ですが、一部に誤りがあったとしても全体の価値が著しく低下するものではないでしょう。

東夷《とうい》諸国に対する中国人の伝統的な歴史観には、大陸にいた一部の倭人や越《えつ》人、趙《ちょう》人、秦《しん》人、燕《えん》人、斉《せい》人の逃亡先であり、逃亡した者は野蛮で遅れた国に少なからず文化向上の恩恵を与え続けてきたという自負心が伴いました。

一方、それを受け入れ続けてきた朝鮮では、今でもそのことを否定する空気が一般的です。そうしたことはあり得ず、あくまでも土着民が中国から学んだものを発展させ続けてきたという自負心が伴います。

民族国家の自立問題が絡めば、どこの国でも過去の歴史を冷静にみることができず敏感になるのが常です。ところが、古代の倭国の話になると彼らの態度は一変します。自分たちの先祖が招きに応じて渡海し、遅れた国の指導教授にあたってきたというのです。

その反対もあったはずなのですが、それを認めることは自尊心が傷つくというのでしょう。その主張は中国人と何ら変わるところがありません。長い歴史の中で東西の文化は波のように行ったり来たりするので、文化の波及は一方的に流れ続けることはなく、多くの文物や文化がシルクロードを通じて中国に流れ、その反対もありました。

図２－１　魏の時代の東夷７カ国

ところで、中国から東夷諸国に逃亡する手段は陸路と海路に分かれますが、海路の場合朝鮮の西海岸は日本列島の海岸に漂着するよりも遥かに安全で早く到達することは自明の理です。朝鮮の無文《むもん》土器が日本の弥生土器に先行していたのもそうした事情をものがたるものです。

本来であれば日本の遣隋使《けんずいし》船や遣唐使船もこの航路を使った方が確実で安全だったのでしょうが、対立していた新羅《しらぎ》に立ち寄れば積んでいた多くの水晶玉や倭錦を奪われる恐れがあるので、やむを得ず玄界灘から東シナ海を渡る危険な航路を選択していたものでしょう。

ともあれ、東夷伝に記された七カ国を互いに比較してみれば、倭国が大陸から影響を受けたのは中国系だけではなく、在地の文化に中国系を取り入れた東夷系のものもあったことがわかるはずです。ただし、東夷七カ国といっても中国における春秋戦国時代の中央集権国家と同クラスの国は扶余《ふよ》と高句麗《こうくり》だけであり、倭をはじめとする他の五カ国は集落連合の小国家ですから同列ではありません。また、東沃沮《とうよくそ》と濊《かい》は高句麗の植民地ともいえる従属国です。

二　大陸の東夷六カ国

大陸にある東夷六カ国中挹婁《ゆうろう》を除く五カ国は、前二世紀に前漢の武帝による侵攻を受けたとき、あるいは二三八年に魏が遼東の公孫を滅ぼして朝鮮半島に侵攻し二四七年に三韓と戦ったとき、国の支配層の一部が日本海や対馬海峡を渡って倭国に逃亡してきた可能性があります。もちろん逃亡が可能なのは一握りの金持ち貴族に限られたでしょうが、技術的には高いレベルのものを保持しており、倭国にとっては有用な人材となった可能性は否定できません。以下、傍線を付した箇所は倭人と共通すると認められた事項です。

①扶余《ふよ》

国土　二千方里ほど（山・丘陵・沼沢地が大半で七カ国の中では最も平野が多い）
　　　穀物栽培に適し果樹栽培に不向
　　　元は濊《かい》人・貊《はく》人の住む土地
住人　略奪者がおらず謹厳な土着民
　　　白衣を好み革の靴を着用
　　　金持ちは高価な毛皮と金銀装飾の帽子を着用
戸数　八万戸

家畜	馬・牛・豚・犬ほか
特産物	名馬・赤玉・テンと黒ザルの毛皮・美珠
国王	宮室（王の居住家屋）・大倉庫（租税物品の保管）を保持
	洪水・旱魃で五穀不作のとき交代もしくは与殺
貴族	大貴族は数千家・少貴族は数百家を支配
役職	馬加・牛加・猪加・狗加・大使・大使者・使者の七階層
刑罰	殺人は死刑で家族は奴婢、窃盗は一二倍の償い
	男女の密通と婦人の嫉妬は死刑
	牢獄があって正月に刑の執行あるいは囚人の解放
戦闘	弓・刀・矛・鎧を使用
祭祀	陰暦の正月に国中の者が集まって連日歌舞飲食
	収穫大祭と戦時に殺した牛の蹄で吉凶を判断
	貴族の死亡に多いときは百人ほど殉葬
	埋葬墓に外槨はあるが棺は不使用

役職の上級クラスには馬・牛・豚・犬の家畜名が付されており、この国ではそれがいかに重要なものであったかを示しているのでしょう。この国の王族が四世紀の初頭朝鮮半島に移住し、百済《くだら》を建国したとされています。

②高句麗《こうくり》

国土　二千方里ほど（国名は高氏の城という意味で高山・深谷が大半）
　　　畑作のみで食糧が不足
　　　東沃沮《とうよくそ》・濊《かい》・貊《はく》は植民地

住人　扶余の支族で言語も同様
　　　涓奴《けんど》部・絶奴《ぜつど》部・順奴《じゅんど》部・灌奴《かんど》部・桂婁《けいろう》部の五部族で構成
　　　略奪・歌舞を好む
　　　豪族が一万人余いて農耕などの労働はしない

戸数　三万戸

家畜　登山に便利な小型馬

特産物　醸造酒

国王　元は涓奴部から選出、今は桂婁部から選出、王妃は絶奴部から選出

貴族　正式名は大加《たいか》だが敬称では古雛加《こすか》（王の血族・桂婁部の豪族・涓奴部の部族長・王妃を出す絶奴部の部族にのみ使用）

役職　相加《そうか》・対盧《たいろ》・沛者《はいしゃ》・古雛加・主簿《しゅぼ》・優台丞《ゆうたいじょう》・使者《ししゃ》・早衣《そうい》・先人《せんじん》（王に仕える役人でさらに等級区分がつく）
使者・早衣・先人（貴族に使える役人）

刑罰　死刑と奴婢に下賤
貴族の評議により決定し牢獄はなし

戦闘　勇気があって戦闘に強く、貊弓《はくきゅう》（弓の一種）を使用

祭祀　鬼神・霊星（農業を司る星）・大地神・穀物神を祭祀
一〇月に天を祭祀する東盟《とうめい》（東方にある大穴から木造の隧神《すいじん》を迎え国中の者が集まる収穫大祭で綾絹《あやぎぬ》に金銀飾りを装着）

埋葬墓は積石塚に松・柏を植樹

農耕に向かない国土なのに働かない貴族が一万人余もおり、略奪や植民地支配に力を入れざるを得ないことが読み取れます。東盟の祭祀は出雲《いずも》が発祥地とみられる銅《どう》鐸《たく》・銅剣・銅矛《どうほこ》・銅戈《どうか》を用いた祭祀や神無月《かんなづき》（一〇月）に八百万《やおよろず》の神々が出雲に集まることと類似性がみられます。

③東沃沮《とうよくそ》

国土　一千方里ほど（漢の武帝のとき玄菟《げんと》郡、その後楽浪郡《らくろうぐん》に属し、当時は高句麗の植民地）

住人　畑作穀物・水産物・塩を生産
　　　言語・風俗はほぼ高句麗と同様
　　　高句麗の豪族に妾妻となる美女を送到《そうとう》

戸数　五千戸

家畜　牛・馬は少数
首長　渠帥《きょすい》・三老
戦闘　剛勇で矛を使用する歩兵戦
祭祀　埋葬墓は家族用に大きな木槨《もっかく》を設置

高句麗の豪族に妾妻となる美女を送り届けていたことは、ヤマト朝廷に皇后や妃を送り込んだ南山城や丹波の豪族と類似性があります。

④挹婁《ゆうろう》
国土　南は北沃沮《ほくよくそ》に接し北は不明（後年の粛慎《しゅくしん》国）
　　　山が峻嶮で畑作穀物・麻を生産
住人　姿は扶余人と類似するが言語は異種
　　　穴居生活（体に豚の脂を塗布して寒さ対策、食事に台座や器は不使用）
戸数　不明

家畜　牛・馬・豚
特産物　赤玉・テンの皮
首長　集落ごと
戦闘　長弓・長矢（青石の鏃《やじり》に毒を塗布）を使い舟で周辺を略奪
衣装　夏はフンドシのみ

日本書記の欽明帝六年（五四四年）一二月の条に、粛慎人《みしあせ》が佐渡島に漂着して住んでいるとの記事から挹婁人ではないかとの説があります。また、隋書東夷伝にある靺鞨《まっかつ》の記事とほぼ同じであることから、沿海州やサハリンにいるニブフ族（日本では樺太《からふと》アイヌといっていた）のことではないかとの説もありますが定かではありません。

⑤濊《かい》

国土　北は東沃沮、南は辰韓《しんかん》で日本海に面し中小の集落のみ（高句麗に従属）
住人　言語は高句麗と同様

	窃盗者がおらずまじめで礼儀を保有
	珠玉は持たず丸襟に銀の飾り
	同姓は結婚禁止
	山川に縄張りを保有
戸数	二万戸
家畜	牛・馬
特産物	麻布・絹・オヒョウの皮・小型馬
首長	君長
役職	侯邑君《こうゆうくん》・三老
刑罰	漢の刑罰と同じ。
戦闘	長矛・マユミの弓を用いた歩兵戦
祭祀	暁の星座により豊凶を予測
	虎を神として祭祀
	一〇月に天を祀る舞天《ぶてん》（大勢が集まって昼夜歌舞飲食）

山川に縄張りを保有していたというのは、河川の上流では餅鉄《べいてつ》（鏡餅のようになった鉄鉱石が河原の玉石の中にある）、下流では砂鉄や褐鉄鉱《かってっこう》などの金属資源、あるいは玉石資材を確保するためであったとみられ、倭国の山王族や南宮族といった山師と共通するものがみられます。辰韓と弁韓《べんかん》は鉄産地で濊人も採集していたとありますから、それらの国には濊人の集落もあったことがわかります。

⑥韓《かん》

国土　四千方里ほど（南は倭と接し馬韓《ばかん》・弁韓・辰韓に三分）

(1)馬韓

国土　半島南部の西側に数集落からなる五〇余国（山と海の間にあって城郭なし）

国ごとに蘇塗《そと》という特別な集落（そこに逃げ込むと帰さず賊の集団となっている駆け込み寺のような集落）

住人　土着の農耕民で体は頑健だが礼儀は不知
　　　草ぶきで土壁の家に居住
　　　金銀錦繍《きんしゅう》は持たないが珠玉で首飾り・耳飾り
　　　男子は時々刺青
　　　麻布・革履を着用

戸数　総計一〇余万戸（比較的大きい国は一万余戸、小さい国は数千戸）

家畜　牛・馬・豚・犬（牛馬に乗らない）

特産物　絹織物・大粒の栗・オナガドリ

首長　大集落は臣智《しんち》（王）・中小は邑借《ゆうしゃく》（君）

国王　国の連合を代表する首長が辰《しん》王で月支《げっし》国に居住

役職　魏から任命された率善《そつぜん》・邑君《ゆうくん》・帰義侯《きぎこう》・中郎将《ちゅうろうしょう》・都尉《とい》・伯長《はくちょう》

祭祀　五月の種まきと一〇月の収穫がおわったとき鬼神を祀り集まって歌舞
　　　飲食
　　　収穫祭では一人の天君を国ごとに立てて天神を祭祀

埋葬墓に外槨はあるが棺は不使用
蘇塗という集落では大木を立てて鈴や太鼓を吊るし鬼神を祀っている

馬韓人の成り立ちについては土着民としているのですが、前記のようにこの地は古来中国大陸から船で逃亡してきた難民が漂着しやすい土地柄ですから、中国系文化を色濃く残していた住人もいたとみられます。

したがって、蘇塗という特別な集落を国ごとに設けた本来の意味は、そうした難民や犯罪者を収容するためであり、生活が落ち着いたところで奴婢として使役する、あるいは逃亡を防ぐため辰韓に売り飛ばすということがあったと想定されます。韓ではそうした人々を戸来《へらい》（遊民あるいは移動して歩く牧畜民の呼称）と呼んでいたようです。なお、こうした施策はヤマト王権が朝鮮半島からの移住民や難民を豊前《ぶぜん》・薩摩《さつま》・近江《おうみ》・武蔵《むさし》などに送り込んだことと軌を一にするものでしょう。

大木に鈴や太鼓を吊るして神祀りを行うことは、鳥取県の角田遺跡（米子市）から出土した銅鐸の線刻画にある絵（二個の銅鐸のようなものが広場の樹木に吊り下がっている）と同様の祀りごとであるとみられます。

(2)辰韓・弁韓

国土　馬韓の東側に辰韓一二カ国・弁韓一二カ国（二四カ国のうち一三カ国は弁韓人と辰韓人が共住しているので国名に弁辰の名がつく、城郭を保有）
弁辰瀆盧国《べんしんとくろ》の南境は倭国
土地は肥沃で畑作・水田に適切

住人　辰韓人は秦からの逃亡者、言語は馬韓と異質、後頭部が平ら（赤子の頭を整形）
男女とも刺青をして長髪
歌舞飲食を愛好
弁韓人は体が大
竈《かまど》を家の西側に設置

戸数　総計で四、五万戸（大きい国は四、五千戸、小さい国は六、七百戸）

家畜	牛・馬・豚・犬（牛馬に乗る風習）
特産物	絹織物（幅広で目が細い）
	鉄（韓・濊・倭が採集し銭貨として使用、また楽浪郡・帯方郡に供給）
首長	大きい順に臣智《しんち》・検側《けんそく》・樊濊《はんわい》・殺奚《さつけい》・邑借《ゆうしゃく》
国王	辰韓一二カ国の王は馬韓の辰王
	弁韓一二カ国は各国に国王
戦闘	歩兵戦のみ
祭祀	辰韓・弁韓共に鬼神を祭祀
	辰韓では大鳥の羽を用いて死者を送別

弁辰瀆盧国の南境は倭であること、また洛東江《らくとうこう》の流域に優良な鉄鉱山があってその流域には砂鉄や餅鉄が豊富にあったとみられ、韓・濊・倭がそれを採集し銭貨のように用いていたというのであれば、砂鉄の豊富な倭国でも同じ現象が起きていたとみるのが自然です。産鉄と鉄器の隆盛をもたらした原因は、漢による鉄の国家専売制と

三〇％の売上税賦課にあります。ところが、外国産の鉄には売上税がかからないので、楽浪郡や帯方郡では原料を輸入する方が安価になるという経済現象が起きていました。後漢の時代に専売制は廃止されたものの売上税は継続され、その後に続いた王朝にあってもこの制度は継続されています。

なお、朝鮮半島に倭人がいなかったとすれば、倭国にも豊富な砂鉄があるのでわざわざ船で渡ってまで採集するメリットは見当たりません。したがって、大陸から渡来した倭人の一部が半島の南部に集落を設けて住んでいたとみざるを得ないものです。また、古墳後期の倭国ではその地を任那《みまな》の日本府と称していたというのですが、ミマナのミは美称の接頭辞で、マナとはマナコやマナグのマナですから霊魂を意味します。したがって、全体の意味をわかりやすく言えば「祖先が眠る日本の心の故郷」となるものでしょう。

韓国西南部の栄山江流域から見つかった多くの前方後円墳（全羅南道光州市の月桂洞古墳など一三基、五世紀末～六世紀前葉）がそのことを如実にものがたっており、韓国の考古学者の中にもそのことを認める動きが出ています。ここに眠る倭人の豪族とみられるのが、百済の聖明《せいめい》王が倭国に派遣した使者の中にいる物部《もののべ》氏・紀《き》氏・巨勢《こせ》氏です。日本書記の欽明《きんめい》帝六年（五四五年）一一月の条などには、彼らが使者としてしばしば登場しており、継体《けいたい》帝六年（五一二年）に大伴金村《おおともかなむら》が聖明王の要請によって割譲した任那（加羅《から》の一部）の四県（上哆唎《おこしたり》・下哆唎《あるしたり》・娑陀《さだ》・牟婁《むろ》）の県侯であったとみられます。

大鳥の羽を用いて死者を送別することは、鳥取県の馬ノ山四号墳（湯梨浜《ゆりはま》町、四世紀中葉の前方後円墳）から出土した円筒埴輪《えんとうはにわ》線刻人物画像やヤマトタケルの白鳥伝説、次章で取り上げる岐阜県の象鼻山《ぞうびさん》一号古墳（養老町、三世紀中葉の前方後方墳）から出土した双鳳文鏡《そうほうもん》につながるものです。

三　東南海中の東夷

⑦倭人

国土　五千方里ほど（帯方郡の東南海中にあって全てが島で元は百余国）
漢語の通訳がいる国三〇カ国（国名が明らかな国と同じか？）
邪馬壹国が統率する四カ国（対馬国・一支国・末盧国・伊都国）
邪馬壹国と連合する二一カ国の傍国（斯馬国・已百支国・伊邪国・都支国・弥奴国・好古都国・不呼国・姐奴国・対蘇国・蘇奴国・呼邑国・華奴蘇奴国・鬼国・為吾国・鬼奴国・邪馬国・躬臣国・巴利国・支惟国・烏奴国・奴国）
邪馬壹国と通交のある三カ国（奴国・不弥国・投馬国）
邪馬壹国に従わない一カ国（狗奴国）

住人　男は大人も子供も皆刺青《いれずみ》

男は一幅の布を体に巻付け、帽子をかぶらず木綿の手拭いで鉢巻
女は髪をミズラに束ね着物は貫頭衣
誰もが体に赤い顔料を塗布し、足ははだし
食事は竹木の高坏《たかつき》を使い手づかみ、年中生野菜を食用し酒好き
家屋に間仕切りの個室
集会のとき父子男女の差別は無く、敬意を表するとき礼をしないで拍手
皆長寿で八、九〇歳、中には百歳の者
身分の高い者で四、五人、低い者で二、三人の妻
租税を納付

戸数　対海国（一千余）・一支国（約三千）・末盧国（四千余）・伊都国（一千）
奴国（二万余）・不弥国（一千余）・投馬国（五万余）・邪馬壹国（七万余）

家畜　牛・馬・羊は無（鶏・豚・犬はいるということか?）

獣　サル・キジ（トラ・ヒョウ・カササギは無）

竹　シノダケ・ヤダケ・トウシチク

樹木　シイ・トチ・クス・ボケ・クヌギ・スギ・カシ・ヤマグワ・カエデ

織布　麻・絹・木綿

特産物　真珠・ヒスイ・水銀朱（丹砂）・ベンガラ（朱砂）

市場　大倭（大市）という監察官のいる市場を国ごとに設置

国王　各国に国王と補佐する男弟王
以前の邪馬壹国は男王で今は女王、狗奴国は男王

貴族　邪馬壹国（大夫）

役職　邪馬壹国（伊都国に一大率《いちのおおいざ》を置いて邪馬壹国以西の国々の取締、本国に伊支馬《いくめ》・弥《み》馬升《まと》・弥馬獲支《みまかき》・奴佳鞮《なかで》）
対馬国（卑狗《ひこ》・卑奴母離《ひなもり》）・一支国（卑狗・卑奴母離）・末盧国（なし）
伊都国（禰支《にき》・泄謨觚《せもこ》・柄渠觚《へここ》）・奴国（兕馬觚《しまこ》・卑奴母離）
不弥国（多模《たま》・卑奴母離）・投馬国（弥弥《みみ》・弥弥那利《みみなり》）
狗奴国（狗古智卑狗《かこちひこ》）

刑罰　軽罪は妻子没収、重罪は本人・家族・一族が死罪（強盗・窃盗がなく争訟が少

ない）

戦闘　矛・盾・木弓（竹の矢に鉄または骨の鏃）を使用

祭祀　埋葬墓に外郭はあるが棺は不使用

喪中に肉食はせず喪主は声をあげて泣くが、他の人は側で歌舞飲食

喪主と家族は埋葬後に水浴をして禊《みそぎ》

邪馬壹国の女王卑弥呼《ひみこ》の葬儀に殉葬奴婢百余人

使者が中国に船で渡るときシャーマンの物忌み（持衰《じさい》）を同乗させ、使者が病気や暴風雨に会えば殺し、無事であれば下僕や金品を分与

卜骨《ぼっこつ》を焼いて吉凶の占い

倭国の特色

漢語を通訳できる国が三〇カ国もありますが、その通訳はどこから来たのでしょうか。東夷の中で漢人がいるとみられるのは、秦からの逃亡者が隠れ住んでいたという辰韓と弁辰の国々、あるいは楽浪郡と帯方郡の住人ですから、これらの国の商人が各

国に分散して住んでいた可能性が高いとみられます。
だとすれば、その中に入る国とは邪馬壹国・同国が統率する四カ国、同国と連合する二一カ国の傍国、同国と通交のある三カ国は確実でしょう。また、二一カ国の傍国とは邪馬壹国の大市王が大市を派遣していた国で、宮崎県児湯《こゆ》郡・北陸・北信濃・関東などが該当することは前著で指摘したことですが、漢人系の通訳がいなければ交易は成立しなかったということになり、鉄器や銅器あるいは鉄材や銅材を得るのに、楽浪郡や帯方郡の商人との接触が不可避であったことを意味します。

倭人は皆長寿で八、九〇歳の者が多いとありますが、魏略（東晋の裴松之《はいしょうし》編）によれば倭人は一年で二歳と数えていますから実年齢はこの半分ということになり、それほどの長寿ではなかったことは明らかです。したがって、『記紀』に記された異常な長寿年齢もせいぜいその半分とみられますが、それでも長寿すぎるのは意図的につくられたとみる以外ありません。

倭人の国は戸数が極めて多いことが特徴的で、食糧事情が良く戦争がなかったことによるものとみられます。例えば、晋が二七四年に設置した平州には五郡（昌黎・遼東・玄菟・楽浪・帯方）二六県（現在の遼寧省と朝鮮の西北部）があるものの一万六一〇〇戸にすぎません。また、辰韓・弁韓は農耕に適した水田があるとはいっても総計で四、五万戸です。

戸数の違いは食糧事情の違いに直結するのですが、朝鮮半島の場合川は深い谷間の岩盤を削ってできたものですから上流までの勾配が小さく、舟運には好都合なのですが洪水時には沿岸の低地が流されやすいという弱点があります。そのため住居や農地は高台に設けていたのですが、灌漑《かんがい》用水の確保には不便な地形であり、スイトウ（水稲）栽培の適地が少ないという事情がありました。

一方、倭国は火山列島ですから急勾配で流れる多くの中小河川は、舟運には向きませんが灌漑に適し、海岸にはなだらかで広い沖積《ちゅうせき》平野が数多くあり、大洪水があってもそれが流されることはなく逆に平野が拡大し、肥沃な土壌はスイトウ栽培に好適でした。しかも、海産物の採集にも好都合だという利点があります。

筆者は以前、日本に馬はいなかったと思っていたのですが、近年の発掘調査によれば縄文・弥生の遺跡から馬の骨が出土しており、食用に供していた可能性があると指摘されています。日本にもトカラ馬のような小型の野生馬はいたと考えられ、この記述は正しくないと思われます。

刺青や顔に赤い顔料を塗っているのは災厄除けのためとみられますが、その施者はシャーマンである王でしょう。ところで、シャーマンが行う祭祀の中に銅鐸・銅剣・銅矛・銅戈・銅鏡を用いたものがあるとの記述はまったく見当たりません。どういうことなのか、その意味を探求してみることとします。

銅鐸祭祀の本体は水神の祭祀であり、スイトウ栽培に欠かせない水利の安定確保を願うものであったとみられ、滋賀県の大岩山《おおいわやま》遺跡（野洲《やす》市、二四個の銅鐸を出土）の事例でみれば三世紀の前葉まで行われていました。

その後は銅鏡を用いた祭祀に転換したと考えられ、その狙いは刀剣によって竜蛇神を退治するのではなく、神獣鏡《しんじゅうきょう》によって暴れる水神を抑え込むという趣旨であり、邪馬壹国の集落数と支配下にあった国数を合わせた数の鏡が必要となり、それを合わせると一〇〇枚近くになったということでしょう。魏へ朝貢する見返りとして鏡を望んだ理由は、質の悪い三角縁《さんかくぶち》神獣鏡のような国産鏡ではなく、良質なものが欲しかったことによるとみられます。

また、その鏡は統率国王らに下賜《かし》するためでなく自らの祭祀のためであったと考えられます。なぜなら、統一集権国家ではない邪馬壹国と統率国の関係はあくまでも交易に伴う連合ですから、朝貢と下賜はあり得ません。

そうした関係に少しずつ移行するのは、統一ヤマト国が大和に成立した三世紀末から四世紀初頭の古墳時代になってからのことで、その時代の古墳から多くの鏡が出土するのは当然の成り行きです。つまり、統一集権国家に移行したとき、祭祀場でもある古墳の造成や祭祀用具であり威信財でもあった銅鏡・鉄器・鉄材をヤマト国が専有管轄し、朝貢と下賜の関係に改めたということになります。

銅剣・銅矛・銅戈を用いた祭祀の中心は出雲ですが、洪水を引き起こす竜蛇の水神を懲らしめるためであったとみられるものの、近畿地方にそれが広がったとはみられません。ただし、前述の象鼻山一号墳の被葬者が鉄剣五・鉄刀二・鉄槍一を保有していたことをみれば、銅剣・銅矛・銅戈の代わりに鉄剣・鉄刀・鉄槍を用いて同様の祭祀を行い、その祭主は西東海にあったとみられる狗奴国の王であった卑弥弓呼《ひみひこ》男王の系統であり、保有数は支配国内における主要な河川数と同じであったと想定されました。

倭人の祭祀のみならず東夷諸国の祭祀やその思想は古代の中国にもあったのですが、秦が統一集権国家を実現して皇帝を名乗った以降にあっては、皇帝が天帝の命によって行う祀りごと以外のものを、鬼道に基づいて鬼神を祀る邪悪なものという見方で排除していたことがわかります。

第三章　陰陽五行説と風水

一　陰陽五行説を基本とする風水

陰陽五行説

中国の歴史は俗に四千年といわれますが、それは陰陽五行説《いんようごぎょうせつ》を中心とする風水《ふうすい》や道教の歴史と表裏の関係にあり、風水と道教の境界はあいまいです。大陸から日本列島に渡来した移住民は、当然のことながらそうした文化を身に付けて来ました。しかし、風土気候の違いは相当なものがあり、先住の縄文系の人々もいますから、倭国流に改めながらそれを実践してきたと考えられます。

そこで、前漢時代の淮南子《えなんじ》という思想書と吉野裕子氏の著書に基づき、中国における陰陽五行説の基本的な事項をみることとします。なお、淮南子とは前漢時代の人で武帝《ぶてい》の匈奴《きょうど》征伐政策に反対して領地を削減され、反乱を起こそうとした淮南《わいなん》王劉安《りゅうあん》（前一七九〜前一二二年）のことです。彼が編集を命じたこの書は『記紀』の種本になったとみられる貴重なもので、中国でも高い評価を受けてきました。

陰陽説とは、宇宙における全ての現象を陰と陽に対置させてみる手法で、例示すればば次のようになります。

①方位　東と西、南と北、北東と南西、北西と南東
②季節　春と秋、夏と冬、立春と立秋、立夏と立冬
③時刻　子《ね》と午《うま》、丑《うし》と未《ひつじ》、寅《とら》と申《さる》、卯《う》と酉《とり》、辰《たつ》と戌《いぬ》、巳《み》と亥《い》
④元素　木気と金気、火気と水気
⑤色彩　青と白、赤と黒
⑥星　日と月
⑦虫の殻　鱗《うろこ》と毛、羽と介《かい》（貝のように固い）
⑧内臓　肝臓と肺臓、心臓と腎臓
⑨常識　仁と義、礼と智
⑩生命　生と死

五行説とは、宇宙における一切のものが木《ぼく》・火《か》・土《ど》・金《こん》・水《すい》の五元素から成り立っている、あるいはこれら複数の元素から成り立っているものであっても五元素に還元されるというもので、例示すれば次のようになります。

①五元素	木	火	土	金	水
②五方位	東	南	中央	西	北
③五時	春	夏	土用	秋	冬
④五色	青	赤	黄	白	黒
⑤五臓	肝臓	心臓	脾臓	肺臓	腎臓
⑥五常	仁	礼	信	義	智

右記陰陽五行説と十二支を組み合わせて一年間の暦と方位を示したのが次ページの図で、神社や寺院で作ったものを見たことがあると思います。

なお、十二支と十干《じっかん》は中国の殷《いん》代にはあったとされ、その組み合わせによって年号を定める仕組みですが、日本では五行と十干を組み合わせて次のように言います。

五行		十干	
木	→	甲《きのえ》・乙《きのと》	（木の兄・木の弟）
火	→	丙《ひのえ》・丁《ひのと》	（火の兄・火の弟）
土	→	戊《つちのえ》・己《つちのと》	（土の兄・土の弟）
金	→	庚《かのえ》・辛《かのと》	（金の兄・金の弟）
水	→	壬《みずのえ》・癸《みずのと》	（水の兄・水の弟）

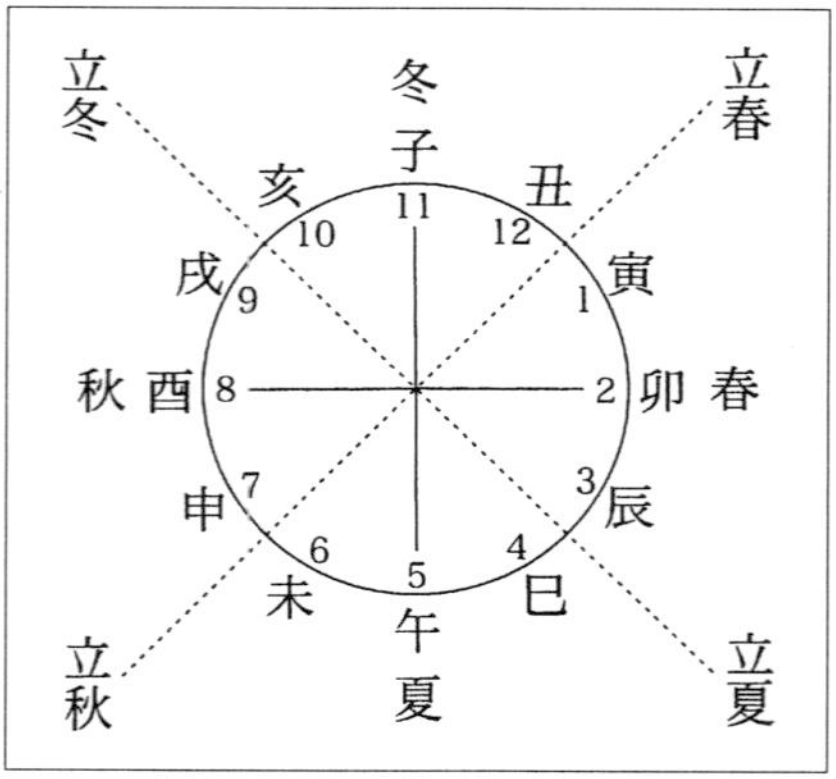

図3－1　十二支による暦と方位

十二支と十干を組み合わせると特定の年号となり、六十年で一回りすることから還暦といいますが、例示すれば次のとおりです。

平成二三年（二〇一一年）　辛卯（しんぼう：かのとう：う）年

平成二四年（二〇一二年）　壬辰（じんしん：みずのえたつ：たつ）年
平成二五年（二〇一三年）　癸巳（きし：みずのとみ：み）年
平成二六年（二〇一四年）　甲午（こうご：きのえうま：うま）年
平成二七年（二〇一五年）　乙未（いつび：きのとひつじ：ひつじ）年
平成二八年（二〇一六年）　丙申（へいしん：ひのえさる：さる）年

風水

風水とは、陰陽五行説の根本原理に則して人間が行動する基準を定めるものです。例えば国が都を定め、宮殿を造り、王の墳墓を造るとき、個人が住居や墳墓を造るとき、その吉凶を判断するため風水五訣《ごけつ》に則した気の流れをみて凶を避け、福を呼び込むというもので、その区分は次のようになります。

①竜蛇　山脈・丘陵などの起伏を竜や蛇の姿に例えたもので、起伏があれば貴で気がたくさん集まり、なければ賤となって気は集まらない。中でも富士

山のような円錐形の山には気が多く集まる。

②穴　竜蛇が多く集まる所は吉穴で、住む人を災難から救ってくれる。集まらない穴は凶穴といい、いつも災難に遭うばかりかカネや名声にも悪い。

図3－2　先天易方位図

③砂　穴の周囲にある空気・土砂・丘・山・建物などが適度な所は長寿になり、汚染や塵埃《じんあい》のある所は短命となる。

④水　河川や湧水の流れ、あるいは人馬や車が通る道の流れのことで、良い流れであれば金持ちになり、悪ければ貧乏になる。

⑤向　建物や墓石の向く方位が良ければ住む人は成功し、悪ければ失敗する。

風水五訣の把握に必要な手段が風水五術で、それを実践していた専門家を風水師（後世の日本でいう陰陽師《おんみょうじ》）といいますが、シャーマンを兼ねていることがよくあって、その区分は次のようになっています。

①命　生年月日日時を用いて個人の性格、運命、他人との相性を占うもの
②卜《ぼく》　易者などが道具を使って現れた事象から事柄や事態の成り行きを占うもの
③相　手相や人相などからその人の健康状態や運勢などを占うもの
④医　鍼灸《しんきゅう》・針・漢方など中国流医術のこと
⑤山　大自然の気を会得するため気功・呼吸法・食事療法などを行うもの

風水師の使う道具に八卦鏡《はっけきょう》という鏡があり、これで凶福をみたてて判断するものですが、その鏡背には先に見た十二支の図と先天易方位図を組み合わせたものが刻まれています。

三合説

三合説《さんごうせつ》とは、宇宙における森羅万象には全て始まり・中頃・終わりの三段階となる変化があるとする説で、陰陽五行説を補完する思想原理とされてきたものですが、その区分を例示します（月は陰暦）。

①全事象　生 ↓ 旺 ↓ 墓
②夏　初夏（孟夏）↓ 盛夏（仲夏）↓ 晩夏（季夏）
③人生　若年 ↓ 中年 ↓ 老年
④水気　申（七月）↓ 子（一一月）↓ 辰（三月）
⑤火気　寅（一月）↓ 午（五月）↓ 戌（九月）
⑥木気　亥（一〇月）↓ 卯（二月）↓ 未（六月）
⑦金気　巳（四月）↓ 酉（八月）↓ 丑（一二月）
⑧土気　午（五月）↓ 戌（九月）↓ 寅（一月）

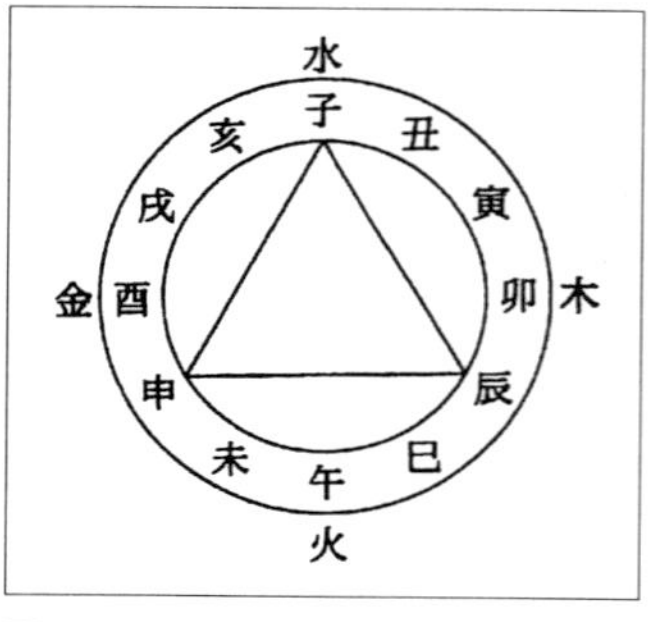

図3－3　三合の図

三合の図は先に見た十二支の図と淮南子にある三合説（三角形）を組み合わせたものです。

支合説

陰陽五行説を補完するもう一つの思想原理が支合説《しごう》で、十二支の各支は互いに支え合うあるいは結び付く相手があるとするものですが、その事例は次のとおりです（かっこ書きは十二支の方位）。

①子《ね》（北）と丑《うし》（北北東）　土気が盛んとなる
②亥《い》（北北西）と寅《とら》（北東東）　木気が盛んとなる
③卯《う》（東）と戌《いぬ》（北西西）　火気が盛んとなる
④辰《たつ》（南東東）と酉《とり》（西）　金気が盛んとなる
⑤申《さる》（南西西）と巳《み》（南南東）　水気が盛んとなる

⑥未《ひつじ》（南南西）と午《うま》（南）　土気が盛んとなる

十二支で最も重要な線は子と午を結ぶ線、即ち南北を結ぶ子午《しご》線です。子は冬至で午は夏至ですから、子から午の間は陽で、午から子の間は陰となるのですが、子と午のところで陰から陽にあるいは陽から陰に劇的な変化が起こる、時代の流れでいえば革命的な変化が起こるとの易を見立てることになります。

また、互いに支え合う良縁を得るには、男子であれば自分の住んでいる所を巳（南南東）とし、相手の女子は反対の方角にある亥（北北西）から選べばよいとする見立てがありました。そのため、ヤマト王朝では皇后を丹波方面から迎えるため、主要な豪族を予めその方面に派遣しておく、あるいはその方面の豪族の養子とすることなどが行われたとみられます。

したがって、『記紀』神話の中でヘビが登場すればそれは男の権化であり、イノシシが登場すれば女の権化であるとみて間違いはありません。例えば、三輪山《みわやま》のオオモノヌシの本体がヘビであったこと、あるいはヤマトタケルが美濃と近江の境の伊吹山に分け入って白いイノシシと出会ったことの根底には、こうした思想背景があったことによるものでした。

天孫族と風水師

風水五術を身に付け風水五訣を知るための基本的事項として天文地理があります。風水師の中に天文を把握して暦を整え、内外の地理を把握する者がおり、国家統治の基本的な礎《いしずえ》としていました。なぜなら、暦がなければ農耕は成り立たず、地図がなければ地形・地象・地積・戸数を把握することができないので、国を治めるまつりごとができないばかりか戦争にも負けてしまうからです。

ですから、風水師は他国も回ってその実状を調査していました。また、戦争で国が負けたときこの地図を勝者に差し出せば、新たな家臣となって処刑を免れることができたのです。端的に言えば、王や皇帝の重要な仕事として暦と地図を作る必要があったということです。

弥生時代は水田稲作農業が中心ですから国を治める王の仕事としては、農具と種子を確保すること、季節を的確に把握して農作業を指示すること、水田に必要な用水を確保することが求められますから、暦や地形・地理・気象の把握が必要なことはいうまでもありません。

また、風水は日本における陰陽道《おんみょうどう》・修験道《しゅげんどう》・密教・忍術の祖型となったもので、新たな展開をみせるとともに五術は山伏《やまぶし》や僧・忍者の修行に導入されました。天文地理を把握するため見晴らしの良い高台で日月星《じつげつせい》を観察する、フロンティアである農林漁業の適地を見つける、金属資源や玉石材料、陶土材料などを見つけて専有するなどのため、山野を跋渉《ばっしょう》する人を山の神とか山師といってきましたが、彼らもまた広い意味の風水師です。弥生時代から古墳時代に至る国土の発展開発は、こうした先導者によって行われてきたもので、風水師は天孫《てんそん》ということになり、時代が下ると陰陽師ということになります。

日本に陰陽五行説が伝えられたのは継体七年（五一三年）、暦・天文・地理・遁甲《とんこう》・方術の五経が伝えられたのは推古《すいこ》一〇年（六〇二年）でいずれも百済《くだら》からとされてきました。しかし、それは史実上のことであり、体系的な書はなかったとしても基本的なものは弥生時代の渡来人によって持ち込まれていたとみざるを得ません。

風水師と高地性集落

天文地理に詳しい天孫族が陰陽の中心となる南北の基準線を定めるには、国の東西の距離を概算で把握し、その中間線を把握する必要があります。そのため風水師は目標点を見ながら山野を踏破しました。その目標点に使われたのが山・巨石・古墳の動かないものであり、その地は聖地とされて後年になると神社が設置されるようになります。ただし、高い山の場合は大幅に距離が延びてしまうので、山麓を踏破していたと想定されます。

目標地点間の距離ですが、『魏志』では「倭人はまだ里程を知らず、日によってそれを定めていた」とありますから、踏破に何日かかったのかによって測定単位としていました。したがって、水行一〇日・陸行一月とは倭人から聞いた話であることが確認できます。

また、風水師といえども踏破の途中には手助けとなる高地性集落がなければ、これを成し遂げることはできなかったはずです。即ち、指示をする、連絡を取り合う、食料などの補給を行うなどが必要となるからで、その実態は天文地理に詳しい天孫族ならではの働きとみられます。

風水師が高地性集落を設けた理由はそれだけに留まりません。風当たりの強い季節を選んで鍛冶《かじ》を行えば鍛冶炉にフイゴを使う必要がなく、季節の到来を周辺集落に知らせるとか連絡を取り合うため烽火《のろし》を上げる場所としても適切なものでした。

宋書では「昔から祖先は甲冑を身に着け、山川を越えて歩き回り、落ち着く暇もなかった」とあって武力を用いて国を拡大したかのように述べていますが、実際には前述のような跋渉もあったわけで、争乱に備えて高地性集落がつくられたという見方は成立し難いと考えられます。

小規模な高地性集落が瀬戸内の沿岸・島嶼《とうしょ》部を中心として、母集落に近い見晴らしのきく山頂に数多く誕生したのが弥生中期前葉であることは、前著で取り上げたとおりです。その母集落の多くは環濠集落で、スイトウ栽培や鉄器・銅器の普及と歩を一にしながら、フロンティアである東方に向かって拡大していきました。

二　出雲系風水師の東遷

湿地帯の開発

前述のとおり、邪馬壹国《やまいち》があったとみられる近江の東側には濃尾平野があり、狗奴《かぬ》国があったとみられるところです。ここは木曽三川《きそさんせん》や沼沢地《しょうたくち》から成り立っており、河や沼の多い国という意味のカヌの名にふさわしい国といえるでしょう。平野のほぼ中央にある岐阜県の荒尾南《あらおみなみ》・東町田《ひがしちょうだ》の遺跡（大垣市）は、弥生後期になって急速に開発が進展した集落でした。

このような低湿地の開発を得意としていたのが出雲《いずも》系風水師で、弥生中期中葉から彼らは東遷を始めました。その動きは墳墓の形状や銅鐸・刀剣を用いた祭祀から知ることができ、彼らが進出した地域と出身地域では同盟関係が成立していたとみられます。

墳墓でみれば出雲では葺石《ふきいし》のある四隅突出形墳丘墓《よすみとっしゅつがたふんきゅうぼ》が主流で、北陸では葺石のない四隅突出形墳丘墓がみられます。同じころ西東海では畿内の影響を受けて方形周溝墓となりますが、四隅の溝を切らない四隅陸橋形《よすみりっきょうがた》であって、四隅突出形墳丘墓の変形とみても差し支えないものです。

出雲・播磨《はりま》・摂津《せっつ》における銅鐸・刀剣を用いた祭祀は後期になると減少しましたが、近江や東海では逆に盛んとなりました。祭祀を行う風水師が東方に移住したことによるとみられるものです。彼らの移住は関東から東北、さらには北海道にまで及びます。余談になりますが、筆者が初めて出雲弁を聞いて驚いたのは、東北弁に類似する強い訛りがあったことで、移住者の影響が残ったのではないかと感じたものです。

集落に住む一部の者が新天地を目指して移住したのは気候の変動とは関係なく、湿地帯において砂鉄（スサ・スカ・ヌカ・アラなどという）や褐鉄鉱《かってっこう》（ネコ・コシ・タカシコゾウ・スズなどという）を採集するため、あるいは河川を分け入って玉石の資材を採集することにあったもので、日吉《ひよし》や日向《ひむか》といった東方フロンティアの思想に従って移住してきたものでしょう。

朝鮮の加羅《から》から来たという天日槍《あめのひぼこ》も典型的な産鉄民の風水師です。湿地帯にあった砂鉄・褐鉄鉱は水田稲作にとって障害物ですから、農民が産鉄民の採集に喜んで協力をすることになります。その地で採集が終われば他所に移動するのも当然のことで、遊牧民のように定住はしませんから遊鉄民ともいえる集団です。

産鉄民は朝鮮の安那《あな》から渡来したので穴師というとの説もありますが、東北地方における採集方法をみた場合それは否定せざるを得ません。褐鉄鉱の採集は表面にみられる鉄シブを手がかりとし、穴をいくつも掘ることからきたものでしょう（堀田《ほった》・払田《ほった》・原井田《はらいた》などの地名がある）。『魏志』によれば朝鮮半島の南東にある弁韓《べんかん》と辰韓《しんかん》では鉄を産し、韓・濊《かい》・倭がこれを採集していたとあるので、渡来して採集していたのはこの三族の系統とみられます。

また、砂鉄の場合は樋《とい》に水を流して土砂と分別する必要があるため、産鉄民の氏名や地名にはワケやベツの付くことがあり、漢字を充てるときは分や別を用いました。これが東北や北海道では別々にするという意味の音読みから、ベツ・ベシ・ペシ・ベッ・ペッなどに変化し、鉄を意味する言葉ともなりました。例えば、シリベシという山の場合は、山の先端つまり尻が鉄製の鏃《やじり》のように尖っているという意味なのですが、それをアイヌ語だとする誤った見方にもなっています。

青銅器祭祀の意義

弥生中期の出雲平野の低湿地帯には数多くの集落形成がなされ、スイトウ栽培に伴う水管理の慣行を厳しく守らせるため強い権力を持つ王がいました。その王の下で、中期前葉に銅剣・銅矛《どうほこ》・銅戈《どうか》を用いた祭祀を行っていたとみられる田和山《たわやま》遺跡（松江市）があり、その場所は宍道《しんじ》湖に注ぐ忌部《いんべ》川右岸の水田地帯の平野にある独立した丘陵（標高四六m）で、美濃観音寺山とよく似ています。彼らが得意とした開墾地は河川下流域の平野部にある湿地帯ですが、そこは洪水に弱いという弱点があるものの、副産物である砂鉄や褐鉄鉱《かっこっこう》が採取できる絶好地でした。

こうした祭祀を行っていたのは北九州から東遷してきた大市王で、播磨・摂津を経て近江に東遷する以前は、出雲を根拠地として東方のフロンティアに風水師を派遣していたとみられます。したがって、収集した鉄材や玉をここから北九州の面上国《おかのくに》に運んで朝鮮に持ち込み、青銅や鋳鉄《ちゅうてつ》と交換をすることによって銅器・鉄器の製造が可能となったもので、祭祀に使われた多くの銅鐸・銅剣・銅矛・銅戈が加茂岩倉遺跡（島根県雲南市）や荒神谷遺跡（同県出雲市）に埋納された秘密はこの点にあります。また、銅や鉄で作られた道具を用いて玉作りが盛んに行われ、青銅・鋳鉄・ゴホウラガイなどとの交換も行われていました。

ところが、強大な王国も鉄資源の枯渇や鍛冶に伴う過剰な森林伐採には勝てません。温暖な気候が続いた中期には人口の増加も相当あり、新たな開発を上流で行っていたことが遺跡の増加から確認され、中期末葉になると斐伊《ひい》川や神戸《かんど》川の氾濫によって水田が埋没する災害に見舞われたとみられます。その惨状は『記紀』神話の八岐大蛇《やまたのおろち》伝説にあるとおりですが、こうなると風水師は被災者に殺されるので逃亡するしかありません。つまり、大市王のさらなる東遷の始まりです。

そこで、青銅器を用いた祭祀が何のために行われたのかを考えてみることとします。まず銅鐸ですが、大量に出土した島根県の加茂岩倉遺跡（雲南市、三九個、祭祀は弥生中期まで）、兵庫県の桜ヶ丘遺跡（神戸市灘区、一四個、祭祀は弥生中期まで）、滋賀県の大岩山遺跡（野洲市、二四個、祭祀は弥生終末期まで）の土地柄をみますと、湧水のある泉が多くみられるという点で共通し、銅鐸には流水紋や突起（竜蛇のうろこ）を有していることが多いので、水神である竜蛇の化身とみていたことが想定されます。

したがって、春には聖地からこれを取り出し、各集落にある泉の水神に祈願と感謝の祀りを執り行い、秋には水神が泳ぎやすいように鰭《ひれ》を立てて丁寧に埋納したもので、枚数は湧水数と同じで陰陽思想に基づいて行われたとみられます。

次に刀剣ですが、河川の水神である竜蛇が暴れて洪水を起こさないようにするため、押さえる効果を狙ったものとみられ、その思想はスサノオによる八岐大蛇退治で知ることができます。春には聖地からこれを取り出して洪水防止祈願の舞踏を行い、何事もなければ秋には感謝の祀りを執り行って元の場所に埋納したもので、本数は河川の数と同じであるとみられます。

鍛冶族の風水師

鉄と森林資源の枯渇を見越し、鍛冶族は新たな土地を探して東方に移住することとなるのですが、それには先導者となる天孫族のリーダーである風水師が必要となります。彼らは濃尾平野に新たな開発適地を見つけると出雲から人を呼び寄せ、水田開発を行う副産物として砂鉄や褐鉄鉱を採取していたとみられます。出雲国にとっては増加する人口対策として、また洪水による被災地対策として必要不可欠なものだったのでしょう。

古墳時代に南方から東北に移動してきた産鉄族ないしは鍛冶族をみますと、大《おお》族・須賀《すか》族・荒《あら》族が主流であったとみられます。大族とは崇神帝のとき先祖が大和《やまと》の三輪《みわ》山《やま》の神を祀っていたとして河内で見出された大田田根子《おおたたねこ》の系統で、南は九州から北は北海道まで太田あるいは大田の地名を残しています。根子とは崇神帝以前の天皇の名前にも入っていますが、湿地帯で採集される水酸化鉄即ち褐鉄鉱のことです。湿地帯の草や木の根っ子に蓄積することから付けられた名称で、奈良県の唐古《からこ》・鍵《かぎ》遺跡（田《た》原本町《わらもとちょう》）から出土したものにはヒスイの勾玉《まがたま》が入っていました。袋状になった褐鉄鉱の中に粘土の入っていることがあり、中国では仙薬として珍重される貴重なもので、正倉院にもそれが保存されています。

次に須賀族ですが、その地名は大須賀・横須賀・浜須賀など東海・南関東・東北の太平洋岸に多く、主として河口や海岸の低湿地帯にあり、その集落には八坂神社や須賀神社、あるいは天王社があってスサノオを祀っていることがよくあります。

荒族は九州から来たのか出雲から来たのかよくわからないのですが、荒の付く地名が全国的に多いことからみれば九州かもしれず、アラハバキなどの荒神を祀り、その旧地は朝鮮半島東南部にあった弁韓の安羅《あら》（安耶《あや》）とみられ、日本に竈《かまど》を伝えたことによって竈神となっている場合があります。

総国の開拓

総国《ふさ》の総と安房国《あわ》の房はいずれもフサですが、古代のフサとは麻のことをいい、房総は麻の大産地であったことからついた名称だといわれています。この房総が主として出雲人によって開発されたという伝承があること、ヤマトタケルに関係する伝説地が全国一多いことを考慮すれば、上記移住の受け皿となった可能性が大です。そこで、弥生後期以降の房総台地をみることとします。

この地に本格的な環濠集落が導入されてスイトウ栽培が始まったのは一世紀のころで、千葉県印旛沼《いんばぬま》の南側に位置する六崎大崎台《むつさきおおさきだい》遺跡（佐倉市）では一五三軒の住居跡が、谷間を隔てた西側の台地にある寺崎《てらさき》向原《むかいはら》遺跡には四三基の方形周溝墓がありました。方形周溝墓は四隅の溝を切らない陸橋があることから東海系の墓式であって東側には集落を、西側に墓地を設けているので、陰陽五行説に従っていることがわかります。

ところが、弥生の終末期になったときこの集落はなくなりました。彼らは風水師の先導によって東海から進出してきた出雲族で砂鉄・褐鉄鉱の採集に関わっていた産鉄族とみられ、それを取り尽くしたとき他所へ移動したと思われます。

六崎大崎台集落に代わって北側の台地に大型の住居（祭祀場兼集会所）を有する集落が生まれ、その南側には大型の方形周溝墓があり、墓地の周辺では市《いち》が開かれていたとみられます。同時期の遺跡で注目されるのが次の墳墓群です。

①神門《ごうど》古墳群（千葉県市原市）

五号墳（馬蹄形墳丘墓）鉄剣一・鉄鏃《てつぞく》二・ガラス玉六二

四号墳（　同　）鉄剣一・鉄槍一・鉄鉇《てつほこ》一・鉄鏃四一・ガラス玉四二〇・管玉七三・勾玉三

三号墳（　同　）鉄剣一・鉄槍一・鉄鉇一・鉄鏃二・ガラス玉一〇三・管玉一二

②高部《たかべ》古墳群（千葉県木更津市）

三二号墳（前方後方形墳丘墓）鉄槍二・鉄鏃一・四獣鏡片・手焙《てあぶり》形土器・壺・高坏《たかつき》

三〇号墳（　同　）鉄剣一・鉄槍一鉄槍一・二神二獣鏡片

四九号墓（　同　）鉄剣一・鉄鉇一・砥石

①の墳丘墓は明らかに近江《おうみ》・摂津《せっつ》・河内《かわち》・和泉《いずみ》といった近畿地方の首長墓の影響を受けたもので、前方後円墳に移行する前段階のものです。なお、馬蹄形墳丘墓は一般には張出付《はりだしつき》円墳、纏向《まきむく》式円墳、帆立《ほたて》貝式円墳などといわれていますが、祭祀に使う馬のヒズメに由来したものとみられ、単に円墳の前を広げたものではありません。また、鉄器と玉類が多くいずれも鉄剣を保有していたことからすれば、邪馬壹国の大市王か

ら大市に任命されて市場を開いていた者で、この地域の首長でもあったのでしょう。

②の墳丘墓には近江系のシャーマンが用いた手《て》焙形《あぶりがた》土器があり、鉄剣を持つ者もいることからすれば大市に任命された者でしょうが、前方後方形なので首長ではなく、①古墳の被葬者の下の地位にいた者でしょう。

なお、先に進出していた出雲族は鉄資源を求めて移住はしたものの、採取した鉄をこれらの市場に持ち込んで取引を行っていたと考えられます。

第四章　濃尾平野の古墳と風水師

一　象鼻山古墳群

象鼻山古墳群の概要

岐阜県の南西部に象鼻山《ぞうびさん》（標高一四二m）という変わった名前の山が南宮山《なんぐうさん》丘陵の南端にあり、その一帯にある七〇基の古墳群は養老町と垂井町《たるいちょう》にまたがっています。前著『近江にいた弥生の大倭《おおいち》王《おう》』で「山王の神さまと南宮の神さまは昔から仲が悪い」との伝説を紹介しましたが、その南宮神の鎮座する南宮大社（垂井町）が丘陵の北端にあり、南麓には

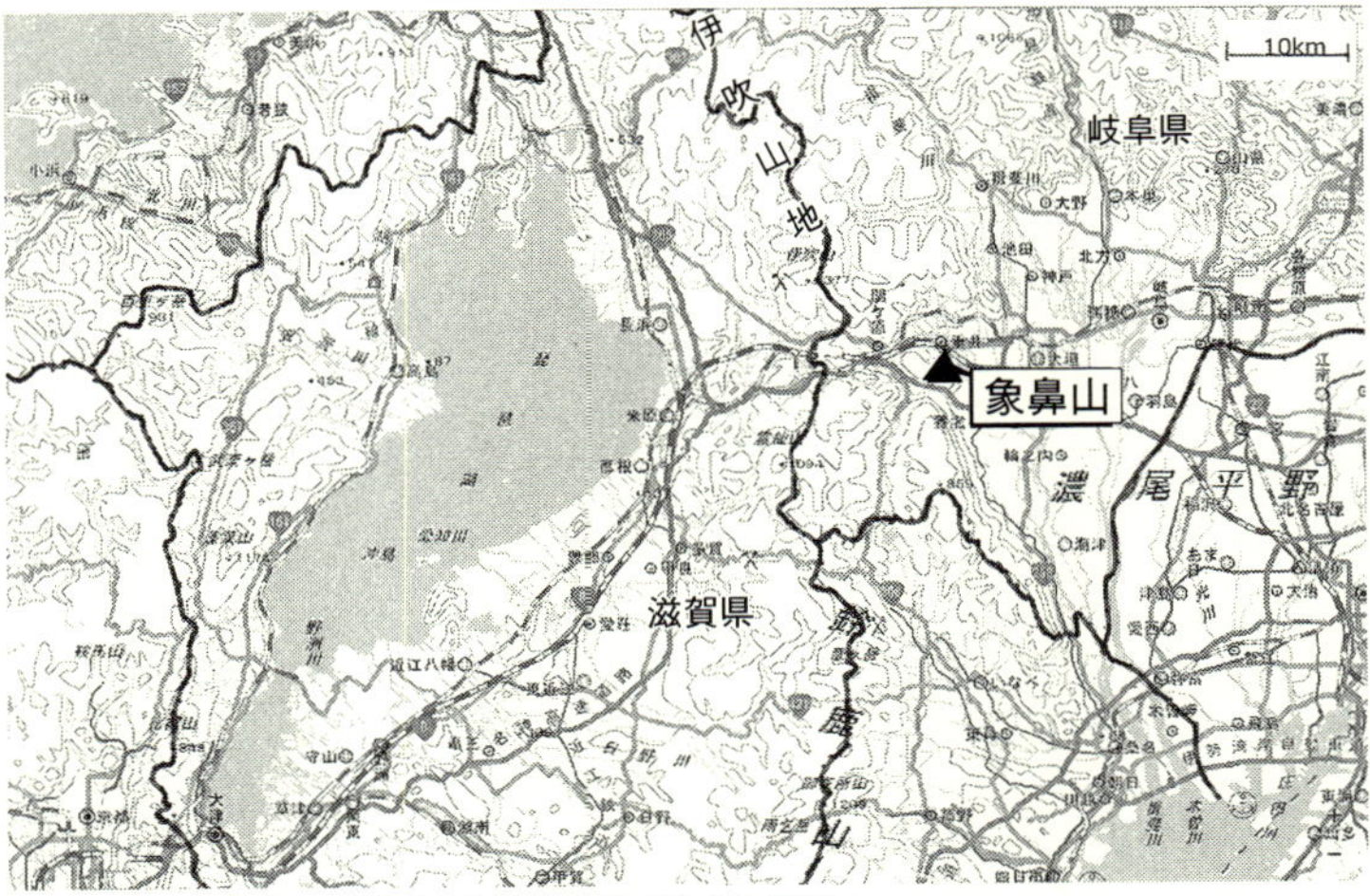

図４－１　象鼻山の位置（国土地理院作成地図に記入）

名神高速道路があって関ヶ原にも近いところです。

山上から中腹にかけてみられる古墳群の調査は、養老町教育委員会と富山大学により一九九六～一九九八年、二〇〇四～二〇〇七年の二回に分けて行われました。古墳は上円下方墳一基・前方後方墳二基・円墳四〇基・方墳一七基など合計七〇基、築造時期は一世紀中葉から七世紀初頭にかけてとみられ、主要遺跡については次のとおりです。

○象鼻山古墳群の主要遺跡

①一号墳　全長約四〇mで部分的に葺石のある前方後方墳
埋葬施設から破砕した双鳳紋鏡《そうほうもん》一（後漢鏡）・琴柱形《ことじがた》石製品三・鉄剣五・鉄刀二・鉄槍一・鉄鏃五三・丹入《にいり》壺一・小型器台一（吉備《きび》または出雲《いずも》型）高坏一（畿内型）・S字甕《かめ》一（東海型）が出土
三世紀中葉から後葉の間に築造

②三号墳　南北七〇mの方形壇の上に一七mの円丘を載せた上円下方墳

円丘の上半分は土で下半分は石
古墳の北側と南側に溝を掘削
古墳群の中では最も古く一世紀中葉の築造

③四号墳　全長約二八mの長方墳
二世紀後葉の築造

④日吉遺跡　象鼻山の東二・五kmの揖斐《いび》川支流牧田川によって形成された扇状地（標高七～一一m）にある古墳群を築造した人々の集落遺跡
一世紀後葉から三世紀後葉まで続いたが洪水のため一旦衰退
七世紀中葉に復活し八世紀に最盛期
川べりのあちこちで洪水防止の神祀りを挙行

世界遺産にふさわしい古墳群

発掘調査報告書をみて驚いたのは、一世紀中葉に築造されたとみられる三号墳（上円下方墳）の存在で、関連して浮かび上がってきたのが第一章でみた晋書《しんしょ》二六六年一一月の記事でした。結論からいえば次のようになります。
①埋葬施設として確実なものは前方後方墳である一号墳と五二号墳であること。
②上円下方墳の三号墳・長方墳の四号墳は埋葬施設ではなく、東西南北を確定し、太陽・月・星の運行を観測するための天文観測施設とみられること。
③他の円墳・方墳は、②の付帯施設とみられること。
④この施設で冬至・春分・夏至・秋分を把握して烽火《のろし》を上げ、各地に設置された高地性集落ではそれに応じて烽火を上げ、周辺集落に知らせるネットワーク化ができていたとみられること。
⑤一連の施設の造営は天孫族といわれた風水師の手によるとみられること。

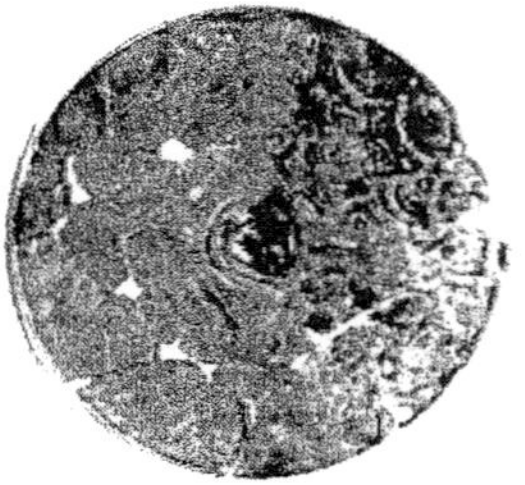

双鳳紋鏡（中国後漢時代の鏡、直径11.7㎝）

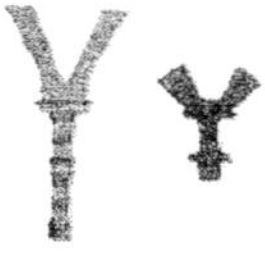

琴柱形石製品

図4－2　双鳳紋鏡と琴柱形石製品（養老町教育委員会作成の資料を引用）

一号墳は風水師の墓

前方後方墳である一号墳は明らかに墳墓であり、濃尾平野がよく見える最高所にあります。出土した双鳳紋鏡《そうほうもんきょう》は飛禽鏡《ひきんきょう》ともいわれ、二羽の鳳《おおとり》（白鳥のこと）が彫られているのですが、朝鮮半島北部や日本では、中国鏡の竜虎《りゅうこ》に代えてこの図にしたといわれています。日本で出土した古墳前期の分は、九州北部から山陰・東瀬戸内・近畿・東海・北陸へ広がっています。

この鏡を所有していたということは、天文地理を把握するため渡り鳥である白鳥のように、山野を飛び回って跋渉《ばっしょう》することに関係があったとみられ、『記紀』にあるヤマトタケルの伝説につながっているものです。

琴柱形石製品の琴柱とは、琴の糸を張って音階を調整する頭の部分に似ていることによるものですが、これはシャーマンが神に祈るとき手に持つ道具で、漢字では「巫」という字の中にある「工」の部分になります。これに飾りを付けるなど様々な形のものがみられ、近畿地方では四、五世紀に盛行しました。これを三点所有していたということは、祈念する国つまり支配国が三カ国であることを示しているとみられます。

赤色顔料である丹《に》(水銀朱)入り壺を所有していたということは、古来丹の産地として有名な伊勢を支配し、シャーマンであったことの証になります。その使用法ですが、一つはシャーマン自身が目を大きく見せるため隈取《くまどり》をすることです。

当時の人々が人間の目には神威力が宿ると信じていたことによるもので、古代エジプトの王や王妃は貴重なコバルト石を粉末にした青色顔料をアイシャドウに使っていました。歌舞伎役者が行う隈取のようなものだったのでしょう。もう一つは民衆が魔よけのため体の一部にシャーマンから塗ってもらうもので、『魏志』には倭人が体に赤く塗っていたという記事があります。

注目すべきなのが鉄剣・鉄刀・鉄槍・鉄鏃《てつぞく》を多く持っていたということです。シャーマンであるのに武人でもあったのかということですが、そうではありません。弥生中期における銅剣・銅矛《どうほこ》・銅戈《どうか》の祭祀は、河川の水神である竜蛇神が暴れて洪水になるのを防ぐために行われたものですから、鉄器を用いて同じ祭祀を行っていたということであり、その本数は揖斐川・長良《ながら》川・木曽川など主要河川の数の分だけ保持していたとみられます。

土器類については中国・近畿・東海と多彩であり、市場間の取引が広範囲に行われていたことをものがたっています。そのことに関連する遺跡として重要なのが、倭国大乱以前の二世紀後葉にあったとみられる愛知県の八王子遺跡（一宮市）です。

多量の土器・木製品・銅鏃・ガラス小玉が出土したほか、注目されるのは大型の木組みで作られた井泉《せいせん》遺構と大きな広場遺構の存在でした。ここは単なる水辺の祭祀遺構ではなく、大きな市場が開かれていたとみられるもので、大勢の人が集まる場所には大きな井泉と広場が必要となります。多量の商品が現地に残されていたことからみれば、突発的な大地震あるいは大洪水が起こって人々は皆逃げてしまった可能性があるとみました。これまでは水辺の祭祀として扱ってきた遺構の中に、市場の遺構がないかどうか再検討をする必要があります。

以上の事柄を合わせて考えてみれば、一号墳の被葬者は風水による五訣《ごけつ》の向《こう》（天文地理）を把握するため、五術の山《さん》（山野を跋渉する術）を心得た風水師であり、邪馬壹国の卑弥呼女王とは対立関係にあった狗奴国の男王で、倭国大乱で邪馬壹国から追放された産鉄民須賀族の系統に属するシャーマンとみられ、その居住集落は象鼻山の東方にある荒尾南遺跡（岐阜県大垣市）、支配した三カ国とは西東海の美濃・尾張・伊勢であったと想定されます。

三号墳で二至の祀り

三号墳は上円下方墳という特殊な形をしていますが、全国的にみても数の少ない古墳形態で、七世紀末以降の律令制実施のころ造られたものがほとんどですから、一世紀中葉の三号墳は飛びぬけて古いということになります。なお、これらの中で埋葬墓と確認されたのは②だけです。

○上円下方墳の分布と築造時期

①天文台構内古墳（東京都三鷹市）　七世紀半ば
②武蔵府中熊野神社古墳（東京都府中市）　七世紀半ばか後葉
③山王塚古墳（埼玉県川越市）　七世紀後葉

④カラト古墳（京都府木津川市・奈良県奈良市）　七世紀末か八世紀初頭
⑤野地久保古墳（福島県白河市）　七世紀末か八世紀初頭
⑥清水柳北一号墳（静岡県沼津市）　八世紀初頭
⑦宮塚古墳（埼玉県熊谷市）　未定

第一章でみた晋書に二六六年一一月のこととして、「倭人来たりて、方物を献ず。円丘・方丘を南北の郊に併せ、二至の祀りを二郊に合わせたり」とありましたが、ここにある円丘・方丘とは特異な形をした上円下方墳のことであり、他にこの時期のものは見当たらず南北に溝を掘っていたことからすれば三号墳のことであったとみられます。

記事を直訳すれば「円丘・方丘に南郊（南の境界）と北郊（北の境界）を設け、冬至《とうじ》と夏至の祀りを南郊と北郊に合わせて行っている」というわずか一行に過ぎないものですが、その意味することは極めて奥の深い重要な事柄です。

中国では都の南郊に設置された天壇（円丘）で冬至の祀りを、北郊に設置された地壇

（方丘）で夏至の祀りを行っていましたが、歴史的には周代から始まったとされています（書経）。このように、円丘・方丘とは王や皇帝がその年の豊作や国家の安寧を祈るためのモニュメントでした。このことが転じて、国家を表す象徴となります。つまり、国家に東西南北と天地の境界があることを示したもので、物理的にみれば国は六面体で構成されていることから六合《りくごう》といい、『記紀』ではそれをクニと読ませているものです。

古代中国の統一王朝が支配した国の領域は、西が砂漠で東は海ですからその境界は自ずと明らかなのですが、北と南は常に紛争の地であって北狄《ほくてき》・南蛮との戦いによってしばしば国境が変わりました。したがって、皇帝としては南北の国境に気を配る必要があったわけです。倭人が円丘・方丘を設けて二至の祀りを行っていたことを記事で取り上げた裏には、中国に類似した国家が存在することを認めたことにつながります。

ところが、ここは狗奴国の領地とみられるので、その祀りごとを行っていたのは同国の男王で卑弥弓呼男王もここで行っていたとみざるを得ません。晋に朝貢をしたとみられる邪馬壹国の壱與《いちよ》女王がなぜこのことを報告したのでしょうか。その理由は強行武闘派であった男王が亡くなって和解が成立し、女王が近江富士といわれる三上山《みかみやま》の南麓にあったとみられる邪馬壹国の都から象鼻山に出向き、国家安寧のため二至の祀りを行ったのだと想定されました。つまり、倭国大乱以前の邪馬壹国は男王でしたが、その時代にここで祭祀を行っていたのは当の男王だったからにほかなりません。

象鼻山に円丘・方丘を設けた理由

象鼻山は東経一三六度三二分・北緯三五度一九分にありますが、地図を見ながら北緯三五度に沿って西方に移動すると、東経一三二度四一分・北緯三五度四一分に島根県の出雲大社（出雲市）があり、今度はこの距離とほぼ同じ分だけ反対の東方に移動すると、東経一四〇度二一分・北緯三五度二二分に千葉県の上総《かずさ》一ノ宮玉前《たまさき》神社（一宮町）があります。

この図からわかるように象鼻山は北緯三五度付近にあって、秋津洲《あきつしま》といわれた本州のほぼ中央に位置しているということです。また、この線上付近で目立った山は、西から大山《だいせん》・氷ノ山《ひょうせん》・三国岳《みくにだけ》・伊吹山《いぶきやま》・光岳《てかりだけ》・富士山などとなります。

したがって、ここに円丘・方丘を設けた理由は、地形地理の調査ないしは探査から割り出した結果に基づくものであり、陰陽思想を実践するのに必要なものであるとともに、北緯三五度は中国でいえば洛陽（北緯三四度九〇分）に近く、天文観測をした場合ほぼ同じ結果が得られるという利点がありました。邪馬壹国や狗奴国の歴代男王は、このことを知っていたということにもなります。

この思想によれば、海から日の昇るところは陽で沈むところが陰であり、陽地は生者の世界で陰地は死者の世界なのですが、国が繁栄するにはヤジロベエのように陰陽のバランスが取れる中心軸で祭祀を行う必要があります。また、三号墳の設置目的は天文の観測所であるとともに連合もしくは同盟関係にある国全体の祭祀場でもあったと解されます。

気候が不安定になって洪水が増えたとみられる後漢末期の時代、中国では華北に北狄が侵入し、漢人の一部は温暖で未開発地の多い華南を目指して移動を始めました。晋が江南に移って東晋となったのもそのためで、当時の漢人にとって南方はフロン

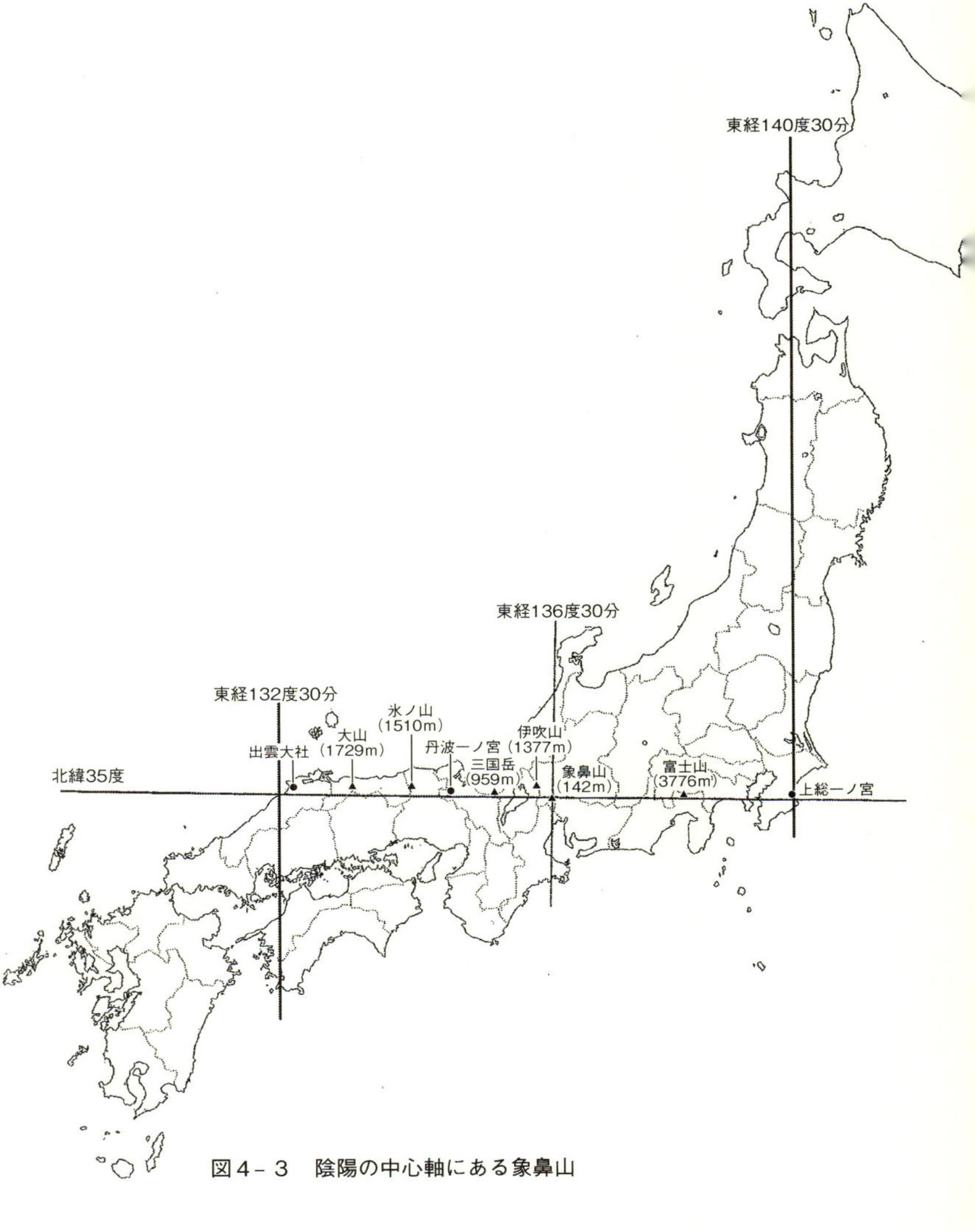

図４－３　陰陽の中心軸にある象鼻山

図4－4　象鼻山古墳群の三号墳

ティアだったわけです。

一方、日本列島はどうだったかといえば、未開発地は中部地方や関東地方にあったので、東方がフロンティアとして重視されたとみられます。その結果、夜間に北極星を見て方位を確かめ、昼は太陽が昇る方向に向かって西から東に移動するという日本特有の日吉《ひよし》ないしは日向《ひむか》の思想が生まれたと考えられますが、向とは風水五訣のひとつで方位を定めることを意味する言葉でした。

その他の古墳は天文観測の関連施設

全部で七〇基とされる古墳群の中で未調査のものはわかりませんが、それ以外の古墳築造は大きくみて二世紀後葉と五世紀後葉に分かれます。ところが、これらの円墳・方墳から一号墳にみられるような出土物が出ていません。また、同じころに多数の古墳が造られたことからすれば、これらは墳墓ではなく三号墳に連なる天文観測上の付帯施設とみられ、太陽・月・星の方位を定めるのに必要な施設であったと想定されます。

二世紀後葉の時期は、倭国大乱後に卑弥呼が女王に擁立されたときと重なります。おそらく、天文観測の再開に伴い、東西南北の基準を新たに定めたことに伴うものでしょう。なぜなら、北極星をはじめとする星座の位置は経年によって少しずつ移動するので、集落の首長に正確な季節や月日の伝達を再開するには、八号墳を築造して方位を正しく是正する必要があったと解されるからです。

五世紀後葉の分は雄略《ゆうりゃく》帝のころと思われますが、再び方位を是正したとみられます。

二　美濃観音寺山古墳

美濃観音寺山古墳の概要

岐阜県中部の長良川右岸に中濃盆地を見渡すことのできる丘陵上に美濃観音寺山（標高一五五m、美濃市）があり、その頂上には古墳がありました。

○美濃観音寺山古墳

全長約二一mの前方後方墳

岩盤を掘削した長方形の墓壙《ぼこう》に組合せ式木棺

木棺から破砕された方格規矩四神鏡《ほうかくきくししんきょう》一・重圏文鏡《じゅうけんもんきょう》一ヒスイの勾玉《まがたま》二・水晶小玉三・ガラス小玉一八・土器片一八が出土

弥生末期から古墳初期の築造

重圏文鏡は弥生後期の国産鏡で作りが粗く、初期の古墳から出土することが多いものですが、方格規矩四神鏡は前漢の後に新《しん》（八～二三年）を建てた王莽《おうもう》の時代のもので極めて精巧な作りとなっており、四葉座《しようざ》・八角・規《き》（コンパス）・矩《く》（曲がり尺）・青竜（東）・白虎（西）・朱雀（南）・玄武（北）などの文様があります。

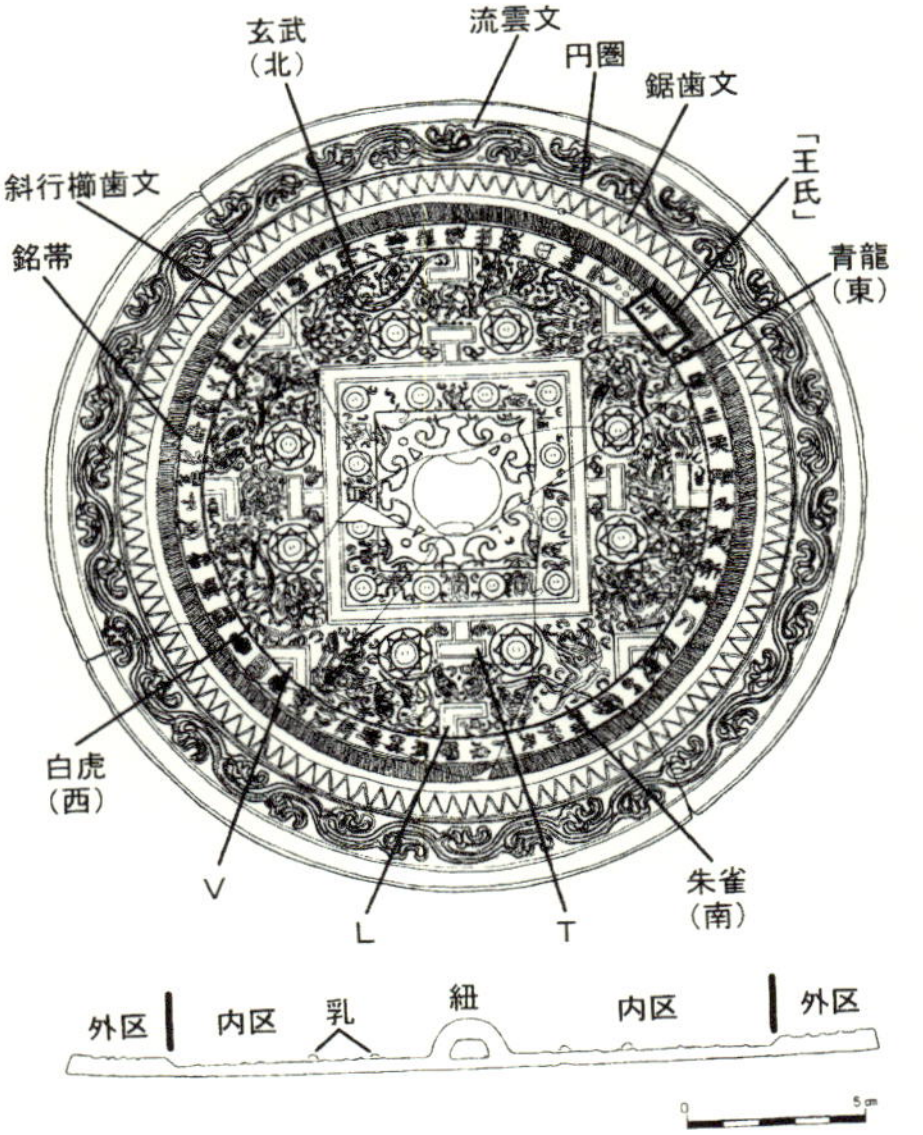

図４－５　方格規矩四神鏡（美濃市教育委員会作成の資料を引用）

陰陽思想によれば生者の地は東で死者の地は西ですから、被葬者である王の居住集落は長良川の左岸側にあったとみられます。出土した方格規矩四神鏡は方位を定めるコンパスであるとともに、分度器として用いることのできる便利な道具です。夜間に北極星をみて方位を定め、目標地点に向かって移動する船師《ふなし》や風水師にとって欠かすことができないものでした。

また、ここに描かれた図から陰陽五行説や三合説に基づく事象の判断が可能であって、天文地理の観測に必要なものであること、古墳が山上にあることからすれば、被葬者は狗奴国に関係する天孫族のシャーマンとみられ、象鼻山一号墳に続いた王であって時期としては三世紀後葉とみられます。

すると、邪馬壹国は壱與女王のときですからこの男王は和解に貢献し、統一ヤマト国をつくることにも協力的であって、出雲系風水師とみられる象鼻山一号墳の男王とは系列が異なり、アマテラスの孫で愛知県の真清田《ますみだ》神社（一宮市）に祀られているアメノホアカリの系統で、吉備《きび》系南宮族の風水師ではないかと思われます。

古墳形態の意味

象鼻山一号墳と観音寺山古墳の形態は前方後方墳とされ、前方後円墳よりやや早く始まったものですが、どちらも前方が付く点では共通しています。しかし、古墳形態を区別するための名称としては不正確かつ不十分なもので、正しくは前台状後方墳、前台状後円墳というべきでしょう。なぜなら、古墳の前段部分の形態は方形ではなく台形状であり、しかも二辺の長さはほぼ同じで緩やかな曲線状になっているからです。では、こうした形態にどのような意味があったのでしょうか。

前台状後方墳（前方後方墳）の後方部は大地の形を表したもので、漢字でいえばくにがまえの「囗《い》」という字になり、前台状部はそれを祀るシャーマンを表し、漢字でいえば「人」という字にあたるとみられます。

前台状後円墳（前方後円墳）の後円部は、北極星と太陽の形を表し、前台状部はそれを祀るシャーマンを表したもので、漢字でいえば「人」という字にあたるとみられます。したがって、この形態では夜の統治者である天神（大兄《おおえ》王）の場合は北極星を祀るシャーマンとなり、昼の統治者である日神（男弟《おと》王）の場合は太陽を祀るシャーマンとなるもので、どちらも漢字でいえば「天」という字になります。

第五章　アマテラスとスサノオ

一　記紀が編纂された時代

中央集権国家の構築

五部族の共立国家であった高句麗《こうくり》では、第一七代小獣林王《しょうじゅうりんおう》（高丘夫、三七一～三八四年）のとき、王の専制による中央集権国家を建てるため、部族国家を改めようとする動きがありました。そのため、百済《くだら》や新羅《しらぎ》に先んじて仏教を公認するとともに、三七二年に儒教を教える大学を設置し、翌年には律令制の導入に踏み出します。間もなく、魏僧《ぎ》を招いて仏教の布教を始め寺院を建設したのですが、富国強兵を基礎として戦いを勝ち抜き、国家の安定を図るというこれまでの統治政策とはひと味もふた味も違った志向でした。

中国式の官僚による中央集権国家を構築するには、漢字の導入・学校教育・律令施行の三点セットを必要としますが、その手段として仏教の導入が行われたということで、飛鳥時代の日本と同様のことが行われていたことになります。このことが韓族を刺激しないわけがなく、四世紀末葉になると百済が、また五世紀前葉には新羅がこれに続きます。

このころのヤマト王権は、倭国の統一に奔走していたことは認められるものの、王権の主体は保守的な豪族の協議制に基づくもので、例えば仏教の公伝は五三八年ないしは五五二年で、大学の設置は六七一年ないしは七〇一年となり、高句麗に遅れること概ね二〇〇年となりました。

しかし、この遅れが国家や民衆にとって不幸なことだったのかといえばそうではありません。多くの朝鮮の学者は、自分たちの先祖が遅れていた倭国に先進文化を教えたことを強調したがるのですが、朝鮮半島と倭国における国情の違いを知らないことからくる曲解であり、ねじれた優越感にすぎないといえます。

なぜなら、日本列島は雨水に恵まれた海洋性気候ですから、ため池を造って農業用水を確保すれば、まだまだ各地にスイトウ栽培適地があったので、増加する人口を吸収できる下地がありました。したがって、大陸のように隣国と戦争をして土地を確保する必要がなく、欲しいのは大陸にあった便利な道具でした。いってみれば、平安時代や江戸時代のように国内における発展開発に集中できる時代であったということになります。

ただし、こうした時代がいつまでも続くわけではなく、土地不足や貧富の差の拡大に対する不満が高じ、統治政策の大転換を求める声が強くなるのも世の常です。中《なかの》大兄《おおえ》皇子や中臣鎌足《なかとみのかまたり》らによって敢行された大化元年（六四五年）の乙巳《いっし》の変というクーデターがそれでした。

また、強力な中央集権国家体制をつくりあげるには、国家というものがどうあるべきかという思想の根本的な転換を必要とします。そのために導入されたのがヤマトという国は世界の中心にある、つまり日本版の中華思想を実践するというものでした。その徹底ぶりと決意のほどは、大兄と臣に「中」を付したことからも窺うことができるでしょう。

記紀の編纂

『記紀』の編纂が始まった七世紀後葉は、為政者の念願であった中央集権国家に踏み出したときで、新羅を追い越し中国の唐とも対等な関係を結ぶという壮大な志向と気概に溢れていたときですから、中国王朝へ朝貢を行い服属国家としての承認を得るという冊封《さくほう》体制を認めた過去の国家とは縁もゆかりもないことを強調し、同時に倭国における統一国家の成立をできる限り遡らせることによって、中国にも匹敵する古代王朝が存在したことを示す必要がありました。

したがって、天皇紀を中心とする神武帝以降の記述だけをみれば、『記紀』では邪《や》馬壹《まいち》国と狗奴《かぬ》国を無視しているという説は妥当なものでしょう。しかし、編纂者の太《おお》安万侶《のやすまろ》らの悩みは、中国や朝鮮側でまとめた倭国関連の諸資料が厳然として存在するという点にあったとみられます。

そこで、集落連合の小国家であった弥生時代の王については、風土記《ふどき》などを参考としながら「神代《かみよ》」で取り上げるという手法を編み出したものと考えられます。なぜなら、太安万侶をはじめとする多くの役人は各地に蟠踞《ばんきょ》していた弥生の王や豪族の子孫ですから、彼らを無視して国を統治することはできません。武人の偶像崇拝的な存在である武内宿禰《たけのうちすくね》が数百年にも渡って活躍し、多くの氏族の祖先とされているのも同じ理由から出たことでしょう。

古事記は天武《てんむ》帝の発案によるものですから六七〇年代であったとみられ、太安万侶が古事記を元明《げんめい》帝に奉呈したのは和銅五年（七一二年）、舎人《とねり》親王が日本書紀を元正《げんしょう》帝に奉呈したのが養老四年（七二〇年）でした。このころ陰陽五行説に詳しい渡来人（高句麗・新羅・百済・唐など）の活躍がみられるので、執筆には彼らが参加していた可能性が高いとみられ、淮南子《えなんじ》などの重要な漢籍に明るい渡来人が関係していたことは間違いなく、彼らの助力がなければ立派な漢文調で書き上げることは不可能だったでしょう。

しかし、国史を表すのになぜ自国語を用いずに他国語である漢文調になったのでしょうか。中国の王朝に見せるためのものだったから、誰でも読めばわかる国史とはしたくなかったからなどを考えたくなりますが、ここに『記紀』編纂の謎があります。

我が国で漢字の音を日本語に借用するいわゆる万葉仮名を用いた始まりが、少なくとも五世紀後葉であったとみられることは、稲荷台一号墳（千葉県市原市）・稲荷山古墳（埼玉県行田市）・江田船山古墳（熊本県和水町《なごみまち》）から出土した鉄剣・鉄刀に刻まれた銘文からして明らかなことです。したがって、七世紀の段階では万葉集の程度まで進歩していたとみられるだけに残念なことです。

二　倭国大乱と大地震

邪馬壹国の男王

『魏志』には「邪馬壹国はかつて男王であって、その時代が七、八〇年続いたが、その後倭国大乱となって数年を経た。そこで協力して卑弥呼という女子を王にした」とあり、「卑弥呼が死亡し、代って男王を立てたが国中がそれに従わずさらに互いに殺し合って千人余が死に、卑弥呼一族の長である一三歳の壱與《いちよ》を立てて女王としたところ、ようやく国中が収まった」とあり、邪馬壹国はなぜか男王になると争乱になる記事がありました。

他方、『記紀』では卑弥呼女王と争った卑弥弓呼《ひみひこ》男王の化身をスサノオとして登場させており、『魏志』と『記紀』の記事に遺跡の調査結果を合わせてみたとき、女王の死亡後男王の一族であった象鼻山一号墳の被葬者が邪馬壹国王となったものの、大地震を起こした張本人の一族として殺害され、壱與女王が共立されたとみられるものです。

したがって、卑弥弓呼男王の一族は倭国大乱の前にいた邪馬壹国の男王であったとみることが妥当であり、その時代は八〇年間続いているので、二代ないしは三代にわたる王がいたと想定され、初代の王は一〇七年に後漢の安帝に朝貢を行った王らの中心的人物でしょう。その男王は一六〇人もの生口、即ち舞手であるシャーマンの下僕を献上した実力者でした。

しかし、飛鳥時代のヤマト王権とすれば、ヤマト国の誕生を大幅に遡らせる都合上、中国の国史に書かれた記事を認めるわけにはいきません。したがって、その代わりとなる壮大な神話をもって弥生の歴史に置き換えたと思われます。ただし、ヤマト国の初代王である崇神帝も晋に朝貢をしたのですが、晋書の記事は曖昧であったことから史実として残したものと考えられます。

であれば、その神話に続く神武帝《じんむ》といわゆる欠史八代の記述については、何らかの史実に基づくものなのでしょうか。

○神武帝と欠史八代

初代　神武天皇　神日本磐余彦《かむやまといわれびこ》天　皇《すめらみこと》

二代　綏靖《すいぜい》天皇　神渟名川耳《かむぬなかわみみ》天　皇《すめらみこと》

三代　安寧《あんねい》天皇　磯城津彦玉手看《しきつひこたまてみ》天　皇《すめらみこと》

四代　懿徳《いとく》天皇　大日本彦耜友《おおやまとひこすきとも》天　皇《すめらみこと》

五代　孝昭《こうしょう》天皇　観松彦香殖稲《みまつひこかえしね》天　皇《すめらみこと》

六代　孝安《こうあん》天皇　日本足彦国押人《やまとたらしひこくおしひと》天　皇《すめらみこと》

七代　孝霊《こうれい》天皇　大日本根子彦太瓊《おおやまとねこひこふとに》天　皇《すめらみこと》

八代　孝元《こうげん》天皇　大日本根子彦国牽《おおやまとねこひこくにくる》天　皇《すめらみこと》

九代　開化《かいか》天皇　稚《わか》日本《やまと》根子《ねこ》彦《ひこ》大日日《おおひび》天皇《すめらみこと》

仮に、古事記にある「始馭天下之《はつくにしらす》天皇《あめのすめらみこと》」という神武帝の称号が邪馬壹国の初代男王に贈られものとみれば、六代までが邪馬壹国王で名前に「根子《ねこ》」が付く七代から九代までの帝は産鉄の鍛冶族との関連から、邪馬壹国から追放された後の狗奴国王とみることが可能となります。その場合理解はしやすくなるものの、小国家の連合や同盟はあったとしても統一王権ができていないことは明らかなので史実としてはあり得ません。

さらに奇妙なことは、前漢や後漢の皇帝と天皇に同一の諡号《しごう》が見られ（前漢八代孝昭帝と五代孝昭天皇、後漢六代孝安帝と六代孝安天皇、前漢一〇代孝元帝と八代孝元天皇、後漢一二代孝霊帝と七代孝霊天皇）類似のものもかなりあります（日本では漢帝の諡号にある「孝」を省略している）。

過去の朝貢を認めたくないヤマト王権が、なぜ漢帝の諡号をそのまま天皇の諡号として借用したのか、考えられることといえば天皇の方が漢帝より時代が古いので、借用したのは漢帝の方だとのとんでもない言い分かもしれません。

イザナギ神への祈願

前章で取り上げた象鼻山には陰陽五行説に基づく国家の中心軸にある基準点としてのほかに、活断層に伴う巨大地震との関係がみられます。この周辺では古代から断層に伴う巨大地震があったところで、最近では一九九五年一月一七日に淡路島から琵琶湖の湖西地域に至る野島断層がずれ、マグニチュード七・三という兵庫県南部地震がありました。

弥生中期にこの断層と関係のある大地震が起こったことによるとみられるのが、滋賀県の針江浜《はりえはま》遺跡（高島市）の沈下した集落です。この集落は沈下後の堆積物によって古墳時代に再び集落が築かれ、その後の大地震によって再び琵琶湖に埋没したとされています。

また、湖南にある小津浜《おづはま》遺跡（守山市）は縄文晩期から室町時代にかけての集落と墳墓の遺跡ですが、分布は湖岸から湖底に広がっており、象鼻山に断層ができた弥生後

図５－１　伊勢遺跡の位置（国土地理院作成地図に記入）

期の大地震で湖岸の一部が沈下したのではないかとの説は妥当なものでしょう。

ところで、風水は中国で始まったものですから、多くの漢民族が住む地域には地震がなかったので、地震の凶を避けるという手段を考える必要がないのは当然のことです。また、朝鮮半島もほぼ同じことですが、唯一の例外はかつて活火山であった北朝鮮の長白《ちょうはく》山《さん》（白頭山《はくとうさん》）付近だけとみられます。

ところが、地震国の日本列島では何らかの手段によってその凶を避ける、あるいは地震の神に暴れないよう祈願

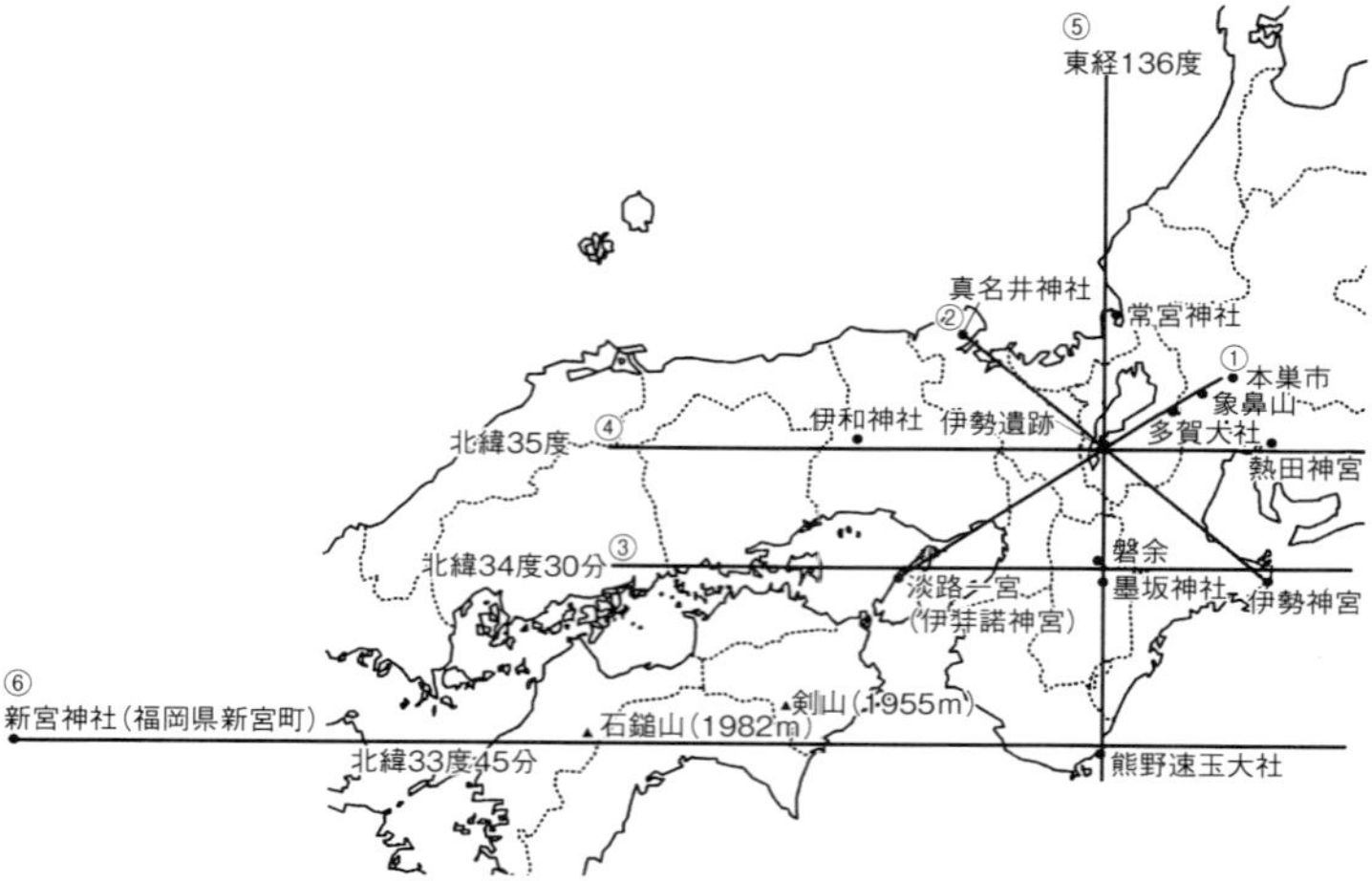

図5－2　伊勢遺跡を中心とする結界線

をする必要があり、風水師のシャーマンは新たに倭国独自のものをつくりあげるため苦心惨憺をしたことでしょう。その結果、天地創造の神であるイザナギにそのことを託し、邪馬壹国では大地震地帯に結界を張ったと考えられます。

　その結界線が、上の図に示した象鼻山と伊《い》弉《ざ》諾《なぎ》神宮を結ぶ①の線で、象鼻山（岐阜県養老町・垂井町）→多賀大社（滋賀県多賀町）→伊勢遺跡（滋賀県守山市・栗東市）→伊弉諾神宮（淡路一ノ宮、兵庫県淡路市）が、北東から南西にかけてほぼ一直線上に並びます。

弥生後期の一七八年以降に起きた倭国大乱のきっかけは後記のとおり二回に及ぶ大地震に伴う大震災であって、その被害はこの線上付近に多く見られたことによると想定されました。なぜなら、『記紀』神話によればイザナギは陸地を造った神とされていることから、その神威力によって地震を避けようとしたもので、その根底には諸神に祈願のできない宇宙創成の一環とみていたことによるものでしょう。

因みに、地図で琵琶湖（六七〇㎢）と淡路島（五九二㎢）の形と大きさを見比べてください。琵琶湖を逆さまにすれば淡路島の形とよく似たものとなり、面積もほぼ同じにみえませんか。古代の人々もそのことに気がつき、イザナギがどろどろの中に剣を刺したのが淡海（琵琶湖）で、滴り落ちたのが淡路島であるとの神話を思い付き、その影響が地震となって今に続いていると考えたのではないでしょうか。国造りの手始めがなぜ淡路島だったのか、天地創造の神をなぜここに持ってきたのか理解できるはずです。

国家存亡のカギを握る王の願いは、国家国民を永続的な繁栄に導くことが原点なので、国家の中心軸を象鼻山に求めて祭祀を行っていたことは、明らかに誤った即ち凶であったことから、これを正しい位置に改めるとともに、統一国家の都を邪馬壹国と狗奴国以外の地に改めようとするのは当然の成り行きで、ヤマト国の成立と崇神帝誕生の背景となるものです。それには国民の衣食住・健康・安全安心がよく確保されていることに尽き、それを妨げるのが災害・疫病・犯罪・戦争ですから、その関係は表裏のものであって陰陽思想と全く同じです。一神教の国であればその願いは一人の神に託するのですが、日本は典型的な多神教の国ですから、八百万《やおよろず》の神々に託することとなりました。

大地震の襲来と倭国大乱

阪神・淡路大震災や東日本大震災における人心の動揺はすさまじく、回復の道のりは長く遠いものですが、日本列島では古来地震に伴う震災が繰り返されてきました。弥生時代もその例に漏れず、近年の考古学の成果によれば、倭国大乱と重なる弥生後期後葉の時代に、少なくとも二回に及ぶ大地震があったことは確実とみられます。

① 滋賀県の北近江から岐阜県の美濃に至る関ヶ原断層のずれ

象鼻山の南麓地域には柳ヶ瀬・関ヶ原・養老と続く大断層帯（福井市→福井県越

前岬沖→滋賀県長浜市→岐阜県垂井町→同養老町→三重県桑名市→同四日市市）が走っており、七四五年の天平地震、一五八六年の天正地震、一九四八年の福井地震はこの断層によって起きた。

古代の天文観測施設と想定される象鼻山三号墳の脇に、弥生後期後葉にこの地方を襲ったとみられる大地震の爪痕である断層が地表に現れている。

この大地震が起きたのは一世紀中葉の築造である三号墳の後で、三世紀中葉から後葉の間とされる一号墳築造の前に起きたとみられる。

②

兵庫県淡路島の楠本断層帯のずれ

淡路島北端の明石海峡に面した高台に、弥生後期後葉に営まれた集落の塩壺遺跡（淡路市）があり、円形の竪穴住居の地面に大地震に伴う地割れから生じた一二㎝の段差があった。

地割れは南西から北東方向、つまり兵庫県淡路島の伊弉諾神宮→滋賀県の伊勢遺跡→同多賀大社→岐阜県の象鼻山古墳群を結ぶ結界線と同じ方向となっている。

この地震を引き起こした断層は、一九九五年にあった阪神・淡路大震災の震源である野島断層ではなく、その東側に並行している楠本断層と推定されている。

比較的短期間の間に襲来した上記二回の大地震により、邪馬壹国をはじめとする周辺国は大きな痛手を受け、近畿東海の国々ではシャーマンの王が殺される、あるいはその一族が襲われるなどして大混乱となり、七年間は収拾がつかなくなって王が不在となったものでしょう。その後に例外的な措置として卑弥呼女王が共立されたとみられ、その一端は次項で取り上げる『記紀』神話において、地震を起こすとされたスサノオ神から知ることができます。

これまで、弥生後期後葉の倭国大乱(一七八〜一八四年ごろ)とは多くの小国が戦っていたとばかり思っていましたが、よく考えてみるとそれはあり得ないことです。国家や王といっても部落連合の小国家で兵士を簡単に集めることもできず、無理をすれば多くの集落が滅び去ってしまうだけで得るものがなく、七年間もの長期にわたって戦争を行うことなどおよそ不可能なことでしょう。

大震災の混乱からようやく立ち直った一八五年ごろに、邪馬壹国では須賀族に代わって玉作族のシャーマンであった卑弥呼が女王に共立されたものの須賀族はそれを認めず、美濃・尾張・伊勢を基盤とする狗奴国に加えて、邪馬壹国と大市王の譲位を求めて争っていたものでしょう。『魏志』にある「素《もと》より和せず」の意味はそうした背景を指し、卑弥呼女王が魏へ朝貢を急いだのはその要求を跳ね返すためであったとみられます。

なお、このころの近江の首長墓制をみますと、それまでは方形であったものが円形に変化をしており、東瀬戸内や西摂津との連携に踏み出したことの表れとみられ、男王から女王への転換との関連が注目されるところであり、この円形墓制は東摂津、河内、和泉にも拡大しました。

したがって、男王時代の同盟連合は出雲などの日本海側が中心となっていたのに対し、卑弥呼女王になってから瀬戸内中心に改めたことにより、邪馬壹国と狗奴国の対立は険しいものになったことが窺われます。

三　スサノオと卑弥弓呼男王

記紀にみるスサノオ

前章で取り上げた象鼻山一号墳の被葬者の居住集落は、陰陽のバランスからみて象鼻山の東方にある大環濠集落の荒尾南遺跡（岐阜県大垣市）で、支配した三カ国とは西東海の美濃・尾張・伊勢であったと想定されました。すると、その王は近江にあった邪馬壹国の卑弥呼女王とは対立関係にあった狗奴国の卑弥弓呼男王系列の王ということになります。

そこで、『記紀』の神代に登場する諸神の中に、上記事項に該当する神がいないかどうか検証してみたとき、アマテラスと対立したスサノオが最も近いとみられました。スサノオに関する記事は次のようになります。なお、古事記と日本書紀では細部に違いはあるものの大要においては同趣旨なので、日本書紀については特に注目される点だけを取り上げました。

①古事記

スサノオは母のイザナミが死んだ後に、淡海《おうみ》（近江）の多賀（多賀大社）に住む父のイザナギの鼻から生まれ、海原（船を操る交易）を統治するように命じられた。ところが、死んだ母のいる根《ね》の堅洲《かたす》国（地震の起きない死者の国）に行きたいと大泣きをし、淡海から追放を申し渡された。そこで、高天《たかま》が原《はら》（近江盆地を比定）で統治をしていた姉のアマテラスに会いに行ったとき、山川国土が皆振動した（大地震となった）。

高天が原を奪いに来たと疑う姉とあいさつに来ただけという弟は、天《あめ》の安河《やすかわ》（近江の野洲《やす》川を比定）を挟んで対峙し、身に着けていた八坂勾玉《やさかのまがたま》と十《と》握 剣《つかのつるぎ》を交換して神威力を競い合った。

アマテラスが剣を折って真名井《まない》（霊泉）ですすぎ、それを噛《か》むと吹きすさぶ気吹《いぶき》（伊吹おろし）の霧の中から女神三柱（北九州の宗像三女神）が誕生した。

対するスサノオが勾玉を噛むと、吹きすさぶ気吹の霧の中から男神五柱（彦根市の由来となる天津日子根《あまつひこね》神ほか）が誕生した。

その結果、スサノオは自分が勝ったといってアマテラスの営田《つくだ》（領地の水田）の畔を壊して水路を埋め、大嘗祭《だいじょうさい》を行う神殿に糞をまき散らした。また、神衣を織る機屋《はたや》の屋根に穴をあけ馬の生皮を投げ入れたため、織女が驚いて死んでしまった。

これに怒ったアマテラスは天《あめ》の石屋戸《いわやと》（墳墓）に隠れた（死亡した）ため、天地が暗闇となった。そこで、八百万《やおよろず》の神々が天の安河の河原に集まり、数々の祀りごとを行って天の石屋戸をこじ開け、アマテラスにかけあって引き出した（後継者の日神を誕生させた）。

同時に、スサノオの髭と手足の爪を切って（神威力を失くして）高天が原から出雲（西方の陰地で神々が死後に住む世界）に追放した（殺した）。

②日本書紀

スサノオがアマテラスに会ってから根の国（死者の国）に行くことを認めたイザナギは、淡路島の幽宮《かくれのみや》（伊弉諾神宮）に隠れた（死んだ）。

スサノオの所有田は、天樴田《あまのくいだ》（多くの小河川がある伊勢を比定）・天川依田《あまのかわよりだ》（木曽三川の下流にある美濃を比定）・天口鋭田《あまのくちとだ》（木曽川が谷間から平野に出た所の尾張を比定）の三カ所（三カ国）で、いずれもやせ地で雨が降れば流れ、日照りになると干ばつになった（河川の流水に頼っていた）。

出雲に降臨してから（死後の世界で）奇稲田《くしなだ》姫と会って八岐大蛇《やまたのおろち》を退治し（暴れる河川の水神を懲らしめ）、須賀《すか》（住まいの地）に行って多くの神々をもうけた。オオクニヌシはその子孫である。

これらの記述をみますと、アマテラスが生んだ三女神とスサノオが生んだ五男神は船を操って交易を担う船師に関係する神であることから、どちらが交易でより貢献しているのか競い合ったこと、スサノオは地震を引き起こす神であり、三カ所に営田を持っていたことから三カ国の支配地を有していたことがわかります。

ところが、あらゆる事象を神の為せる業としてとらえた『記紀』にあって、風神・雷神・水神・火神は登場するものの地震の神は見当たりません。「ナイ」という地震の神が祀られたのは推古帝七年（五九九年）に大和で大地震があったことによるものでした。

この神の語源は朝鮮系の言語とされ、朝鮮では地震のことをナイフルといい、ナイとは国土ことでフルは振動のことを意味します。朝鮮で地震があるのは活火山である長白山付近だけとみられるものの、火山国の日本には昔から地震があるので、倭語にはそれに対応する言葉があったとみられるにもかかわらず、わざわざ朝鮮系の言語を借用していること自体に王権の淵源が表れているとみざるを得ません。

須賀族の東遷と北上

前章でみたように象鼻山一号墳には鉄剣五・鉄刀二・鉄槍一が埋納されていました。一古墳に多くの鉄剣・鉄刀が埋納されていた事例としては、四世紀後葉とみられる奈良県の東大寺山古墳（天理市、鉄剣九・鉄刀二〇）や七、八世紀とみられる岩手県三陸海岸の房の沢古墳（山田町、鉄剣・鉄刀合わせて四三）があります。

ここでは象鼻山一号墳の被葬者と共通するものがあって、高句麗系の濊《かい》人とみられる須賀族と関係の深い房の沢古墳を取り上げることとします。この古墳群は円墳と馬蹄形古墳からなる積石式古墳群の一つで、刀剣類のほかに馬具一五・中型馬の歯四頭分が出土しました。石を使った古墳や馬蹄形の古墳は高句麗系渡来人とみられるものですが、エミシの一派とされていたのでその関係をまとめてみます。

①前二世紀前葉

漢の武帝が東夷を攻めて朝鮮方面に楽浪《らくろう》・臨屯《りんとん》・玄菟《げんと》・真番《しんばん》の四郡を置いた前一〇八年ごろ漢による鉄の国家専売制が影響し、辰韓《しんかん》・弁韓《べんかん》では韓族・濊族・倭族による鉄の採集があり、その影響は倭国にも及んだ。

産鉄の和爾《わに》（和珥）族・物部族・須賀族（スサノオの出族）は、倭族が倭国から朝鮮に砂鉄や褐鉄鉱を持ち込んでくることを知り、風水師を倭国に派遣してその実状を確かめ、相次いで渡来してきたと想定される。

須賀族のスカとは飛鳥のスカと同語であって住まいとか集落を意味するが、その実態は高句麗系である濊から渡来した産鉄族で、倭国の湿地帯で砂鉄や褐鉄鉱を採集するのを得意とし、鍛冶を行う者もいたとみられる。

彼らは九州もしくは出雲から東瀬戸内、近畿を経て東海道を移動し、さらに北上して三陸に至ったことから、ヤマト朝廷は海道のエミシと呼んだ。

②三世紀中葉

魏が二三八年に遼東半島や朝鮮半島を支配していた公孫《こうそん》を滅ぼし、二四七年に住民の争奪をめぐり三韓と対立して戦ったとき、朝鮮半島から諸族が馬とともに渡来した。このとき西日本の王らは未開発地の多い東国方面への移住を促し、その主力は広大な台地と湿地帯に草原の広がる関東平野に居住した。

馬を飼っていた彼らの一派はやがて東北地方に北上し、ヤマト朝廷は彼らが東山道を移動したことから山道のエミシと呼んだ。

③五世紀後葉

雄略帝のときヤマト朝廷は朝鮮半島での戦いに必要な騎馬用の中型馬を導入し、高句麗人を招いて北信濃に移住させ馬牧場を設けた。

彼らは関東や東北にいたエミシの馬飼いや産鉄族と馬の取引を積極的に行った。

房の沢古墳の被葬者は埋納された刀剣類や馬具の多さからみて三陸の王者であり、続日本紀《しょくにほんぎ》の霊亀元年（七一五年）の条にあるエミシの須賀公古麻比留《すかのきみこまひる》とみられました（詳細は拙著『エミシとヤマト』二〇一三年、河北新報出版センターを参照）。彼はその名前から して高麗《こま》系、つまり高句麗系の渡来人であって馬の飼育には慣れていたのでしょう。

高句麗人は騎馬民族ではありませんが、馬を使役に使っていたとみられ、野馬を飼いならすこともできたと思われます。彼は北三陸特産の昆布を貢納するため、国府（年次からして出羽の国府を比定）が遠すぎるので閉村《へい》（岩手県閉伊郡を比定）に郡を設置するよう嘆願しました。

産鉄の須賀族は東海→南関東→南東北浜通り→三陸地方へ移住してきたのですが、馬を飼っていたことは明らかで、馬蹄形古墳はそのことに由来するとみられます。名前に比留《ひる》が付いているのは、彼らを湿地帯に住むヒルに例えた侮蔑的な呼称によるものです。

律令制の根幹は公地公民制にあって住所地を固定し、各種の課役を課すものでしたが、湿地帯で砂鉄や褐鉄鉱を採集していた産鉄族は、資源を求めて移住することを前提としているので、この制度に従うことは難しいという問題が生じます。

朝廷の言い分とすれば、国家の資源を勝手に採集して諸課役も負担しない東方の野蛮人となり、その呼称は湿地帯に住む蛯子《えびこ》や蛭子《ひるこ》に例えた侮蔑的なものとなりました。この蛯子《えびこ》が蛯子《えびす》となり蝦夷《えみし》に変化したのだと考えられます。

また、イザナギが鼻を洗ったときに生まれたスサノオは、姉のアマテラスと神威力の競争をし、自分が勝ったといって馬の皮を機屋《はたや》に投げ込む乱暴を働いたとあります。神話の信憑性はともかく、ここに馬が登場したのはスサノオが高句麗系の渡来人であって出雲系須賀族に属し、須賀公古麻比留《すかのきみこまひる》と同系統であることを暗にものがたっているものでしょう。

筆者は『魏志』の記述に従い、日本列島には五世紀までは馬がいなかったと思い込んでいたのですが、例えば佐賀県の縄文時代の遺跡や弥生時代の貝塚遺跡から馬や牛の骨が出土しており、日本列島には小型馬の野馬がいてそれを食用に供していたことも明らかとなっており、スサノオが野馬を捕まえて飼っていたということも考えられます。

なお、②に関連する物部系のエミシとして、八〇〇年ごろ坂上《さかのえの》田村麻呂《たむらまろ》などと戦った阿弖流為《あてるい》がいます。彼の本拠地は宮城県北部から岩手県南部にかけてですが、朝廷に反抗したことにより、本名である照井を蔑称に変えられ、阿呆の照井という意味の阿弖流為になったもので、アイヌ人ではないとみられました。

四　アマテラスと卑弥呼女王

産鉄の鍛冶族である須賀族に属するスサノオが『魏志』にある狗奴国の男王卑弥弓呼であるとすれば、神威力を競い合った姉のアマテラスは邪馬壹国の卑弥呼女王となるので、『記紀』にある記事の要点をみることとします。

①古事記

母のイザナミが死んだ後に、淡海（近江）の多賀に住む父のイザナギの左目から生まれたのが姉のアマテラス、右目から生まれたのが弟のツクヨミであり、アマテラス（太陽の化身である日神）は高天が原を、ツクヨミ（月の化身である月神）は夜の世界を統治するよう命じられた。

弟のスサノオと神威力を競い合って天の石屋戸（墳墓）に隠れ（死亡した）、

八百万の神々が数々の祀りごとを行っていたのをのぞいたとき、それをこじ開けられ引き出された（後継の日神を推挙した）。

その後、アマテラスは子であるアメノオシホノミミに豊葦原《とよあしはら》の中《なか》つ国《くに》（日本）の統治を委任することとしたが騒動となった。そこで、最高神であるタカミムスビと共に天の安河に八百万の神々を集めて相談をし、武力に強い神を派遣して荒ぶる神々を服従させることとした。

だが、二度失敗して三度目にようやく成功した（統一ヤマト国は三度目に成立した）。最後に服従したのがスサノオの子孫のオオクニヌシである。そこでアマテラスは、年老いたアメノオシホノミミの代わりとして子のヒコホノニニギに統治役を命じた。

②日本書紀

アマテラスの所有田は天《あめ》の安田《やすだ》（野洲《やす》川のある湖東地域を比定）・天《あめ》の平田《ひらた》（比良山《ひらさん》地のある湖西地域を比定）・天《あめ》の邑并田《むらあわせだ》（小盆地の多い山城・伊賀を比定）の三カ所（三カ

国）で、いずれも長雨や日照りに強かった（扇状地の湧水や湖水を利用した）。

古代の人は人間の目には神威力があると信じていますから、イザナギの目から生まれたアマテラスとツクヨミは正当な神であると位置づけ、鼻から生まれたスサノオは異端児であることが強調されています。

アマテラスの所有田はいずれも用水に心配のないところですから、積雪もほどほどあって湧水に恵まれ、スイトウ栽培に適しているだけではなく様々なものづくりにも好都合であり、多くの人口を養うことができたとみられます。

しかし、鉄器・銅器・ガラス・土器の製作には多量の薪炭つまり森林資源を必要とするので、国の繁栄や都の存続をできるだけ長くするにはそれらの工房を他国に置き、しかも分散立地として環境負荷を少なくし、その地に食糧を運ぶことが交易国家としての眼目となります。

風水師ではない卑弥呼の立場

卑弥呼女王の化身とみられるアマテラスが多くの玉を所有していたということは、その出自が玉作の部族であった可能性が高くなります。前著『近江にいた弥生の大倭王《おおいちおう》』で指摘したように弥生中期の丹後半島は玉作のメッカであり、その首長墓から頭飾りに用いた多くの玉が出土し、女性が王となる慣習を有していました。この地から玉作の指導者が各地に移動し、邪馬壹国にも移住したものと思われます。

したがって、卑弥呼女王の祖先は丹後半島にあった玉作集落のシャーマンであったとみられるところです。そのことを暗示しているのが１４０ページ図５―２の②の真名井神社と伊勢神宮を結ぶ線で、真名井神社（京都府宮津市）→伊勢遺跡（滋賀県守山市・栗東市）→伊勢神宮（三重県伊勢市）が、北西から南東にかけてほぼ一直線上に並びます。

真名井神社は元伊勢といわれる籠《この》神社（京都府宮津市）の奥宮ですが、この三カ所は伊勢という共通名称で結ばれています。もちろん偶然になったわけではなく陰陽思想に基づくもので、真名井神社は死後の陰地で伊勢神宮は生誕の陽地というわけです。

しかし、伊勢神宮が現在地に設置されたのは天武帝のときとされ、それまでは近江・

美濃・丹波などを転々としました。そのため元伊勢といわれる場所は二〇カ所を超えるといわれています。

移転した場所が真名井といわれた湧水の豊富な霊泉の地であったことからみて、ヤマト王権はよほど日照りによる干ばつに困り、水神である竜蛇の奮励を願ってそのつど伊勢神宮を移転したものとみられます。

なお、太陽の運行で年と季節を定め、月の運行で月と日を定めれば暦ができるので農作業に支障はありませんが、それだけでは東西南北の正確な方位がわかりません。それには北極星や北斗七星の運行を知る必要がありました。『記紀』に出てくるアメノミナカヌシという北極星神が必要となります。

正確な方位を把握することは陰陽五行説の実践や船を扱う交易には不可欠な事項です。船師が頼りとするのは昼であれば遠方に見える山であり、夜であれば北極星や北斗七星でした。

一方、陸地では目印となる山や丘陵地に高地性集落を設けてネットワーク化を図り、烽火《のろし》を上げて季節到来を周辺の住民に知らせる（暦の伝達）、あるいは船が通過したこと知らせて宿泊や川船の準備を促す必要があります。それを延々と行ってきたのがスサノオのような風水師で、民衆から王として崇められるだけの実績を有していました。

しかし、大震災による急場を乗り越えるため玉作族から選ばれたシャーマンの卑弥呼女王にそれができたとは思えません。ですから、例えばスイトウ栽培の季節到来を隣国の烽火に頼っていたのではないか、ただ乗りをしていたのではないか、だから争いになったのではないかと想定されるのです。『魏志』にいう「鬼道を用いて衆を惑わす」という意味はそうしたことを言ったのではないでしょうか。

ところで、陰陽思想からいえば本来はアマテラスが男神で、ツクヨミは女神となるべきところを『記紀』ではその逆とし、正当な神はアマテラスとツクヨミでスサノオは異端の神という設定になっており、衆人を欺く鬼道を行っていたと断じる『魏志』とは正反対の評価です。ヤマト王権からみれば卑弥呼女王の貢献はそれほどまでに大きかったということになります。

伊勢遺跡は結界の中心地

伊勢遺跡は邪馬壹国と狗奴国の双方にとって重要な意味を有していたことをみてきましたが、ヤマト王権にとっても重要な意味を持つ聖地であったことがわかります。そのことを示しているのが、140ページ図5―2の③の伊弉諾神宮と伊勢神宮を結ぶ線です。この線は北緯三四度三〇分にあたるもので、ほぼこの線上付近に並んでいるのが伊弉諾神宮→墨坂神社《すみさか》（奈良県宇陀市）→伊勢神宮となります。

『記紀』によれば崇神帝は疫病退散のため、大和の御諸山《みもろのやま》（三輪山《みわやま》）にオオモノヌシを祀り、墨坂の神に赤色の盾《たて》と矛《ほこ》を、大坂の神（奈良県香芝市大坂山口神社）に黒色の盾と矛を、さらに坂の上神と河の瀬神を祀ったとあり、ここに出てくる墨坂の神を祀ったのが墨坂神社です。

磐余《いわれ》にあったとみられるヤマトの都からみれば、墨坂は南北軸で大坂は東西軸となり、赤色は火で黒色は水ですから、火と水を用いて疫病がこの方面からから入らないよう結界を張ったとみられるものです。

図5―2の①・②・③の結界線を図上で結ぶと、伊勢遺跡→伊弉諾神宮→伊勢神宮

は三角形となり、これを第三章86ページで示した三合の図に合わせてみれば「水気」となりますから、ヤマト王権は大和や河内、和泉における水不足に困ってこの結界を設けたのだとわかります。つまり、奈良盆地や大阪平野は邪馬壹国のあった近江・山城・伊賀盆地とは違って日照りや干ばつに弱かったため、水の確保が急務であったということです。

中でも、近江盆地は雪が多いことと砂礫《されき》質の扇状地なので湧水が豊富な上に琵琶湖という天然のダムがあるのに対し、奈良盆地は重粘土質の扇状地ですから降水は表層を流れてしまうことが原因とみられます。因みに一九八一～二〇一〇年における年間平均の気温と降水量をみますと、大津市は一四・九℃で一五二九㎜、奈良市は一四・九℃で一三一六㎜であり、気温では変わらないものの降水量では二〇〇㎜の違いがあります。

１４０ページ図５―２の④の線は北緯三五度にあたり、ほぼこの線上付近に並んでいるのが伊和《いわ》神社（兵庫県宍粟《しそう》市）→伊勢遺跡→熱田《あつた》神宮（愛知県名古屋市）となります。伊和神社は前著『近江にいた弥生の大倭王』でみたとおり、播磨国風土記《はりまのくにふどき》にある鍛冶族の神々による国占めの争いに出てくるオオナムチを祀る神社で、スサノオの子ですから出雲系に属し、熱田神宮はスサノオが八岐大蛇から得た草薙《くさなぎ》の剣を祀っているので、両社にはスサノオという共通項があります。

つまり、両神は卑弥呼女王の化身であるアマテラスのライバルというわけですが、親子を陰陽に置いた目的は、干ばつの多い播磨と洪水被害の多い美濃・尾張のバランスを取るという配慮によるものでしょう。

前記図5—2の⑤の線は東経一三六度にあたり、ほぼこの線上付近に並んでいるのが常宮《じょうぐう》神社（福井県敦賀市）→伊勢遺跡→墨坂神社→熊野速玉《くまのはやたま》大社（和歌山県新宮市）となります。常宮神社は越《こし》の守護神である気比《けひ》神宮（福井県敦賀市）の奥宮であり、熊野速玉大社は『記紀』によれば神武帝が河内での戦いに敗れた後に迂回してこの地から大和に入ったという伝説の地です。南北に設定されたこの線は、おそらくヤマト王権がヤマト国の中心軸とみたものでしょう。

前記図5—2の⑥の線は北緯三三度四五分にあたり、ほぼこの線上に並んでいるのが新宮《しんぐう》神社（福岡県新宮町）→石鎚山（愛媛県）→熊野速玉大社となります。この線は神武帝が日向《ひむか》の思想に基づいて東征を行ったとする神話に必要な方向軸であり、本来であればこの線に沿って大和に入るべきでしたが、瀬戸内海を進んで河内から入ったため北東方向にずれてしまい、そのために敗戦という凶に出会ったという筋書きです。

また、神武帝が九州の日向から出発しなければならない理由は、陰陽五行説に求めることができます。九州という名称がいつごろ成立したのか明確ではありませんが、『記紀』が編纂されているころにはあったものとみられます。

九州の本家は古代の中国ですが、その東南方向にある州を神州と称していました（第一章参照）。東南方向には神人が棲むという陰陽五行思想に基づくものです。したがって、降臨した神の子孫とされる神武帝は、倭国の九州の東南方向から出発しなければなりませんが、それはあくまでも神話の世界のことであって、現実には北九州↓出雲↓東瀬戸内↓近江へと東遷してきた大市王が大和に統一ヤマト国を建てたということです。

ともあれ、これまでみてきた結界線の全てに邪馬壹国の神祀りの場であった伊勢遺跡が絡んでおり、ヤマト王権がこの地をいかに重要視していたかは一目瞭然で、二人の女王の功績にあやかろうとしたとの見解に至りました。

なお、筆者が驚いたのは伊勢遺跡周辺の神社では例大祭があったとき、舞手《まいて》を伊勢神宮から呼んで行う慣習が昔からあるということでした。伊勢遺跡と伊勢神宮が卑弥呼女王の化身とみられるアマテラスでつながっていることの縁を現地で強く感じたものです。

第六章　邪馬壹国からヤマト国へ

一　邪馬壹国の終焉

大岩山の神祀り

出雲における銅剣・銅矛《どうほこ》・銅戈《どうか》は河川の祭祀に、銅鐸は湧水の祭祀に使われたとみられるもので、いずれも竜蛇の水神を祀るものでした。滋賀県の大岩山《おおいわやま》（野洲《やす》市）では二四個の銅鐸が出土し、ここでは三世紀の初頭まで祭祀が行われていたとされています。

だとすれば、この湧水の祭主は邪馬壹《やまい》国の卑弥呼《ひみこ》女王であったとみられ、一八五年の女王就任後ですからその期間は二〇年程度となり、伊勢遺跡における神祀りが始まったとき終焉となったものでしょう。

大岩山は近江富士といわれる三上山《みかみやま》（標高四三二m）の北麓にある丘陵ですが、三上山は近江盆地全体を見渡すことができるところですから、天文地理を扱う風水師にとっては格好の目標となっていたことが読み取れます。古来神聖な霊山とみられていたもので、中世になって藤原秀郷による百足退治《むかで》の伝説があります。東北地方における百足伝説は「赤がね」といわれた銅鉱山に多いことから、銅鉱を採掘した多くの穴を百足に例えたものとみられます。

また、その秀麗さはヤマト王権が発足した奈良盆地の東南にある三輪山《みわやま》（標高四六七m）とよく似ています。この山がもたらす恵みは扇状地の下を流れる地下水にあるので、扇端で湧き出る井泉《せいせん》に祈願と感謝をするため、水神である竜蛇の化身とみられていた銅鐸の祭祀を扇央にある大岩山で行っていたのでしょう。この近くを流れる野洲川をみると、水流はわずかで河原には玉石が数多くあり、内陸の盆地でみられる典型的な扇状地の川です。

出土した銅鐸は近畿式のものと三遠式《さんえん》という東海系のものが混在しており、祭祀は倭国大乱前に邪馬壹国を統治していた男王の時代から続くものであったとみられます。こうした湧水の唯一の弱点は、大地震によって地下構造が変わり、湧水が止まるあるいは湧水場所が変わるという現象を伴うことです。集落にとっては死活問題ですから、移転場所を巡って争いが起きるのは必定です。

伊勢遺跡の神祀り

『魏志』では卑弥呼女王が衆人を惑わす鬼道を行っていたとありますが、それは伊勢遺跡における神祀りのことであり、大岩山における銅鐸祭祀ではなかったとみられるので、それが具体的にどのようなことだったのか想定してみます。

当時の気候は寒冷化に向かっていた時代ですから、その凶を跳ね返すため銅鏡を用いて太陽神の奮励を祈願する祭祀を行ったことが考えられます。その銅鏡とは太陽光から採火する道具であった凹面鏡の多紐細文鏡《たちゅうさいもんきょう》とみられ、淮南子《えなんじ》では陽燧《ようすい》となっているものです。この便利な火付け道具は、集落の首長や山野を跋渉《ばっしょう》する風水師、兵士などの装備品として必要なものでした。

邪馬壹国は洪水にも干ばつにも強い地勢ですから、ここだけを考えれば安定した湧水の祈願を行う大岩山の銅鐸祭祀ですむのですが、邪馬壹国連合に加入している他国の分も合わせて行う祭祀となれば、洪水や干ばつ対策の祭祀が必要となります。隣接

図6－1　画文帯神獣鏡（椿井大塚山《つばいおおつかやま》古墳出土）

する狗奴《かぬ》国王にこの弱点を突かれて譲位を迫られ、考え出されたのが神獣鏡《しんじゅうきょう》を用いた祭祀ではなかったかと思われます。

その代表的なものが画文帯神獣鏡《がもんたいしんじゅうきょう》で、古墳の棺内に埋納されることが多く、銅鏡の分析結果によれば後漢《ごかん》系・魏《ぎ》系・呉《ご》系のものに分かれるということです。この鏡は平縁《ひらぶち》の青銅鏡で神獣・竜虎・曲がり尺・天秤・東王父《とうおうふ》と西王母《せいおうぼ》・鳳《おおとり》などを描いたものですが、竜虎鏡でいえば火（日）神と水神を祀るものでした。

その意味は、鏡の右にいる竜がもたらす火災・干ばつと左にいる虎がもたらす水害を、中央にいる神獣が適度にバランスを取ることによって免れるというものですから、陰陽五行説に基づく祭祀にほかなりません。

卑弥呼が欲しかったのは作りが粗末なものではなく、精緻な技術を有する皇帝直属の工房で作られたものだったのでしょう。その数は連合を組む約三〇カ国と邪馬壹国内の集落数の分となりますが、将来の必要数を考えれば一〇〇枚は優に必要となったことでしょう。ですが、国の連合は上下関係ではないので、邪馬壹国がその盟主であったとはいえ、これを他国に下賜《かし》する理由は見当たりません。したがって、魏から下賜された一〇〇枚の鏡を倭国内で下賜したとする見方はできず、卑弥呼が亡くなったときその墓に破砕して埋納された、あるいは殉葬者の墓に破砕して埋納されたとみる以外ありません。

三角縁神獣鏡《さんかくぶちしんじゅうきょう》が下賜された鏡だとする見方もありましたが、出土数の多い奈良県・京都府・兵庫県・福岡県・岡山県・大阪府の合計数だけでも既に二五〇枚を超え、北は福島県から南は熊本県と宮崎県に及び、全国で五〇〇枚を超える数となっています。

図6－2　三角縁神獣鏡（黒塚古墳出土）

埋納された古墳をみるとこの鏡は棺の外に置かれており、出土した古墳の多くは四世紀以降の統一ヤマト国成立後のものです。前著『近江にいた弥生の大倭王《おおいちおう》』で指摘したとおり、遼東《りょうとう》の公孫《こうそん》が滅びる前に呉の鏡師が邪馬壹国に逃れて作鏡を行っていたものの、そのことが発覚しないようあえて魏鏡に見せかけたものを作っていたことが想定されました。

したがって、この鏡は古墳が破壊されるという凶を防ぐため、ヤマト王権が葬儀祭祀の用具として作っていたものを各自が独自に入手し、被葬者を埋葬したとき参列者がこれを手向けたとの解釈が妥当なものではないでしょうか。

邪馬壹国の終焉

国の都をどこに置くかという課題に、陰陽五行説に基づく風水が関係していました。山の形・川の流れ・方角などにより、地相や墓相などの吉凶を判断するものです。それによれば秀麗な山には水神である竜蛇が住み、この山から麓の平野に向かって霊妙な竜脈（水脈）が走り竜穴（井泉）に至り、そこに家や墓地を設ければ子孫は繁栄するというものですから極めて道理を得た思想です。ただし、その場所は前が南に向かって開け、北・東・西には山があって東から西に向かって川が流れているという条件が必要でした。

伊勢遺跡のある琵琶湖畔をみますと、秀麗な三上山に雨や雪が降ると、長い年月をかけて扇状地の平野を地下水が流れ下り、琵琶湖畔の手前の扇端で湧水となって噴出します。ここは盆地ですから風水に基づく山の条件をクリアし、野洲川をはじめとする川の流れにも問題はありません。このまれにみる好適地を風水師が見逃すはずもないでしょう。

ここに都をつくるとなれば陰陽思想に基づく配置が求められるので、生者の地即ち都の建物群は東側に、死者の地即ち墓地は琵琶湖畔の西側に配置することとなります。祭祀はその中間で行って東西のバランスをとる決まりなので、伊勢遺跡はそのほぼ中間にあって、火(日)神や水神の祀りを行っていたとみられます。また、この国は舟運を主体とする交易国家ですから、市場が開かれるのは墓地のある琵琶湖畔と重なります。墓地群には適当な広場もあるので、門前市の先駆けとなったことが窺えます。

湧水が豊富なこの国は農業だけではなく、様々なものづくりの生産や加工にも適していたのですが、大地震に伴う大災害と人心の動揺には勝てません。また、一〇〇年も経てば人口も増え燃料となる森林の確保が容易ではないという問題が生じてきます。

次の問題点は、朝鮮との交易において邪馬壹国が不利な状況にあったとみられることです。当時の倭国が最も欲しいものは鋼鉄を作るために必要な鋳鉄《ちゅうてつ》ですが、その見返りとなる輸出物としては邪馬壹国が得意とする玉よりも、狗奴国が得意とする砂鉄や褐鉄鉱《かってっこう》の方が断然有利になることは明らかで、『魏志』にあるとおり後者は銭貨の代わりとして流通するものでした。

狗奴国が湿地帯の開発を得意としたのは、水田開発の障害物となる砂鉄や褐鉄鉱を先に採集するためであり、そのため先駆けて東国に移住を行っていたものですから、このことだけをみても両国の勝負は結果が見えてきます。

日本列島のほぼ中央にあって水運に恵まれた地勢を活かし、国の連合を九州から関東地方にまで伸ばしていた邪馬壹国に暗雲が見え始めたのは、気候の寒冷化によって中国の北方にいた遊牧民族が南下を始め、漢民族を南方に押しやったことが問題の三点目です。

三世紀後葉になるとこの動きは晋《しん》にとって御《ぎょ》し難いものとなり、守勢一方に追い込まれます。遼東郡が高句麗《こうくり》によって占領されると楽浪郡《らくろう》と帯方郡《たいほう》は飛び地となって不安定な状況となり、韓族や濊族《かい》にとっては国家形成を進める好機到来となりました。

二つに割れて対立していた倭国においては、晋を後ろ盾としていた邪馬壹国が劣勢となり、韓族・濊族と交流の深い狗奴国に有利な展開となったことはいうまでもないでしょう。両国を支えてきた主要豪族は潮時とみて和解に動いたとみられます。

いかに優れた治政者がいても、あるいは陰陽五行説が自然の摂理を踏まえた優れた思想だといっても、ものごとに限界があることは本説自体の認めるところでした。また、いかなる国にあっても国家の衰退には都の移転が伴うことは避けられず、当然のことながら指導者の交代がこれに伴います。

二　崇神帝の即位とヤマト国の誕生

御間城入彦五十瓊殖の意味

「御肇国天皇《はつくにしらしすめらみこと》」と称賛された崇神《すじん》帝の名前は御間城入彦五十瓊殖《みまきいりひこいにえ》（日本書紀）ですが、「いり」とはどのような意味をもつのか様々な説があり、帝の出身母体に関わる重要な点です。

「みま」は水堀のことで「き」は環濠集落や奥津城《おくつき》（死後に住む世界）といわれた古墳のこと、「ひこ」は男の尊称、「い」は接頭辞で「にえ」は神への捧げものとなり、問題の「いり」は高句麗語で「井泉」を表すという見方があります。

しかし、三韓・三国時代の古代朝鮮における言語がどのようなものであったのかについては、文字資料が少ないため不明だというのが現実であって、これが高句麗語なのか、あるいは韓族・濊族・倭族の言語なのかにわかに断ずることはできません。いずれにしても、朝鮮半島系の言語であることは間違いないでしょう。したがって、「欠史八代」の史実は倭国のものではないから書けないということにもなります。

ところで、奈良時代に漢字二文字による歴代天皇の漢風諡号《かんふうしごう》を決めたのは淡海三船《おうみのみふね》といわれています。「崇」の付く諡号を贈られたのは十代崇神帝のほかに、暗殺された三二代崇峻《すしゅん》帝、廃位され拉致された北朝三代崇光《すこう》帝、島流しの途中で自殺した桓《かん》武《む》帝の弟で死後に崇道《すどう》天皇を贈られた皇太子の早良《さわら》親王の三人がいます。

三人はいずれも憤死に近いものであったことから、死後に祟《たた》るという諡号が贈られたのですが、統一王権の実現に貢献した崇神帝にも憤死に近い史実があったのかとなると、『記紀』にはそのことを示唆する記述がみられません。帝は太歳《たいさい》の年（甲申《きのえさる》年、二六四年）に摂政となったとあるので、木星の精たる太歳星君《たいさいせいくん》は祟る神であるとの道教や陰陽道《おんみょうどう》の教えによったものとみられます。

崇神帝の父は開化帝（この諡号は後年の大化を意識したからだとみられます）となっていますが、名前に「根子」が付くので鍛冶《かじ》系とはみられるものの、崇神帝の名前とは全く異質な内容となっていることから、同じ系統ではなかったとみる方が自然です。

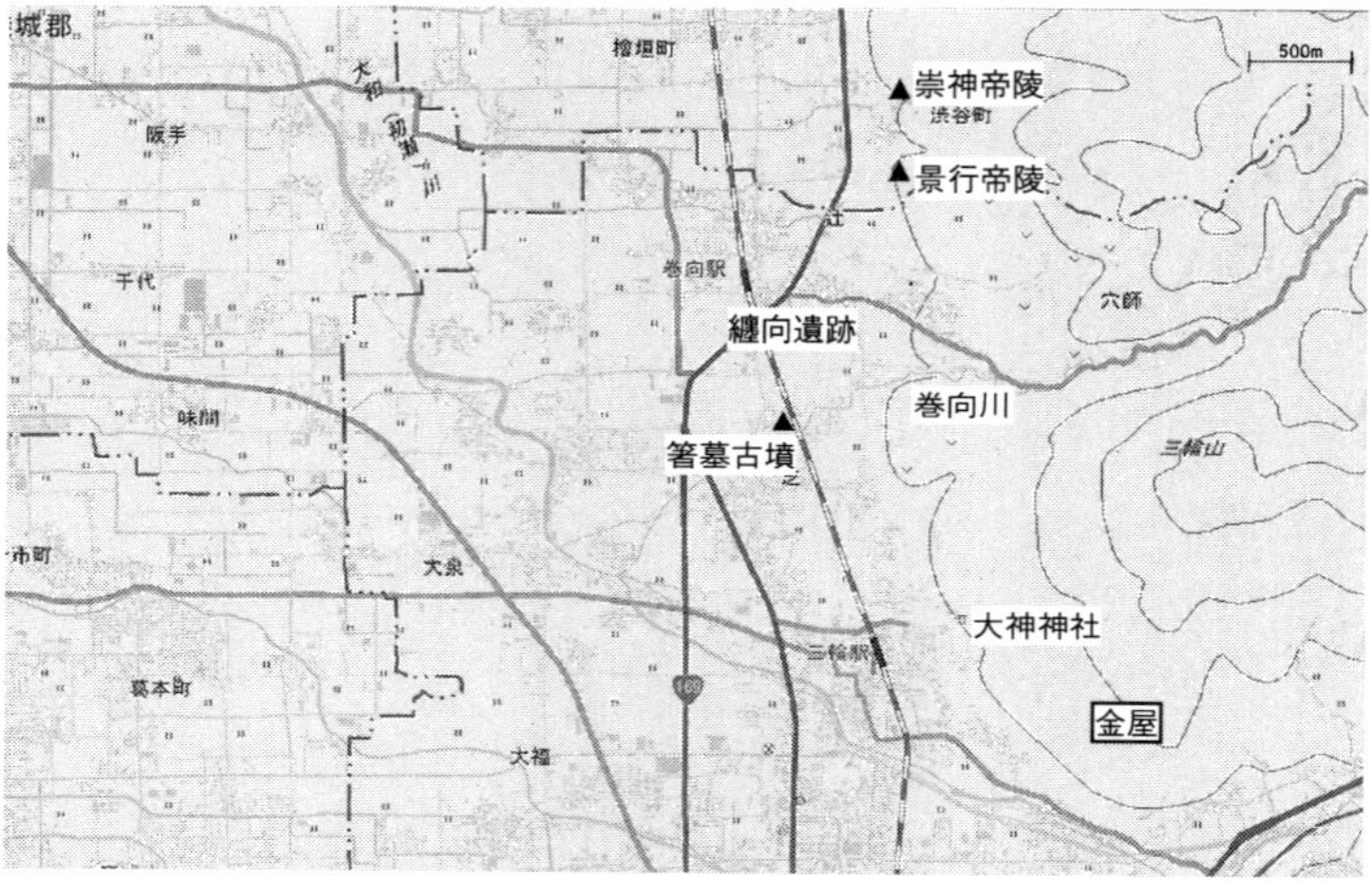

図6-3　ヤマト王権と纒向遺跡（国土地理院作成地図に記入）

　また、帝の母は物部氏《もののべ》の先祖である大綜麻杵《おおへそき》から出た伊香色謎《いかがしこめ》とされており、「綜《へ》」とは竈《かまど》のことで「麻杵《そき》」はそれを作る道具とみられることから土師《はじ》系であったと思われます。したがって、母方では布留《ふる》式土器の製造と関わりがあり、古墳の造成や祭祀もこの部族の手によるとみることが可能です。

　帝の宮は志木《しき》の水垣宮《みずがきのみや》で奈良県の旧磯城《しき》郡金屋《かなや》（桜井市金屋）にあったとされていますが、金屋という地名からみても鍛冶族との見方は妥当なものでしょう。また、ヤマトという国号については、古墳(山)を造る人々の意味であることは前著で指摘したとおりですが、物部氏との関係を無視することができません。

古墳時代の東北地方における土器は土師器の普及から始まりますが、それを作る土師は主として大阪府の和泉《いずみ》から派遣されてきたので、製作地の地名に「泉沢」・「泉田」・「今泉」などのように泉が付きました。

このことは布留式土器の製造と和泉の間に密接な関係があったこと示しており、結局それは物部氏の支配下にあったことを示唆するものです。したがって、崇神帝は和泉で育てられたから井泉という意味の「いり」が名前に付されたのではないでしょうか。なお、古代の和泉には大伴氏の領地があったとされています。

崇神帝の即位年と崩御年

崇神帝の皇太子即位は日本書紀にある甲申《きのえさる》という干支から二六四年と、崩御《ほうぎょ》は古事記にある戊寅《つちのえとら》から三一八年と特定されています。すると、二六四年ごろ狗奴国の男王(象鼻山《ぞうびさん》一号墳の被葬者)が亡くなった直後に、主要国の王が集まって和解の話し合いが進み、崇神帝が壱與女王（日神）を支える男弟王《おと》（月神）に推挙されたとみられます。

この報告を目的とした二六六年の晋への朝貢にあたり、中国の皇帝が毎年都の北郊と南郊に出向いて二至の祀りを行っていること知っていた崇神帝は、象鼻山三号墳に急ごしらえの北溝と南溝を造って壱與女王が二至の祀りを行い、分裂していた倭国が統一に向けて一歩を踏み出したことを印象付け、外交関係における優遇措置を求めてアピールポイントを稼ごうとしたのでしょう。

また、二八七年ごろ壱與女王が亡くなったとき、再び主要国の王が集まって統一ヤマト国設立の話し合いが進み、陰陽思想の本来型である男王に戻すとともに、倭国大乱の轍を踏まないようにするため、都は地震や洪水の少ない大和に遷すこととし、翌二八八年に崇神帝が初代の大兄王《おおえ》（天神）に推載され、二八九年に晋へそのことを報告するとともに朝貢が行われたと考えられます。この年代の見方がどうなのかについては、後で東国の動きから探求することとします。

ところで、後記のとおりヤマト国の都は南北軸の陰陽バランス思想に基づいて構築されているものですが、長い間倭人を呪縛してきたとみられる東西軸の陰陽バランス思想を、帝がどうして大胆に変えることができたのでしょうか。

帝が優れた鉄器を作る鍛冶族のシャーマンであった可能性が高いことからみれば、その鍛冶族とは楽浪郡か帯方郡の工房に関係していたとみざるを得ません。つまり、年代からみれば帝の父の代に工房にいた優秀な工人を引き連れて倭国に渡来したとみるのが妥当なもので、高度な技術集団を有する渡来人だから在地の豪族に遠慮なく対処ができたのだと思われます。

当時、こうしたことがあり得たのでしょうか。あるとすれば、その時期は遼東の公孫が滅んだ二三八年ごろとなり、それ以外の想定は成立し難いものです。一八四年から二三八年に至る公孫の時代であれば、朝鮮は後漢やその後に続く魏・呉と交流があったので、関連する文物が倭国に伝来したとみることに無理はありません。公孫が事実上自立していた中国の三国時代に、それを支えた有力者や商人には魏派と呉派の二大派閥があり、政権はその微妙なバランスの上に成立していたとみられるからです。

その公孫が魏に滅ぼされたとはいえ、卑弥呼女王にとっては朝貢や交易で世話になった恩義があるので、亡命者を王待遇として快く迎え入れ、他日を期すため亡命政権の樹立を認めていた可能性すらあったとみられます。その亡命者とは、年代からみて崇神帝の父の代であると想定されました。ただし、邪馬壹国は魏の勧誘に応じて国交を開く決定をしているので、このことは秘中の秘であったとみられます。

先述のとおり、長引く邪馬壹国と狗奴国の紛争を収めるため、倭国の諸王らが邪馬壹国の男弟王に崇神帝を推挙した時期は、強行武闘派であった狗奴国の男王が亡くなった直後の二六四年となりますが、当時晋と外交関係を持っていたのは邪馬壹国です。

したがって、ヤマト国が成立した段階では外交関係を改める必要があります。二八九年の晋への朝貢はそのためであったとみられ、正式に認められはしたものの印綬などの下賜はなく、北方の民族が南下し始めた晋の政情からして重要な国として扱うほどの関心はなかったということになるでしょう。

東国の動きからみたヤマト王権

『記紀』によれば帝の長男である豊城入彦《とよきいりひこ》は毛野国《けの》（群馬県・栃木県方面）に封じられた

のですが、東国で最も古い四世紀中葉の古墳とみられる前橋天神山前方後円墳（群馬県前橋市）に葬られたとみれば、崇神帝の即位年と崩御年の見方はその面でも合っています。

豊城入彦の母は木国造《きのくにのみやつこ》であった荒河刀弁《あらかわのとべ》の娘で遠津年魚眼眼妙媛《とおつあゆめまくわしひめ》となっています。国造という役職はまだなかったので王というべきでしょうが、木の国を紀伊の国と解する説が一般的です。しかし、ここは常陸国風土記《ひたちのくにふどき》にある紀の国（茨城県筑波《つくば》郡の辺り）のことで『魏志』では「鬼国」となっている国とみるべきです。

この国は利根《とね》川支流の毛野《けぬ》川（鬼怒《きぬ》川）に面した国で、荒河刀弁は三世紀中ごろに壱與女王が派遣した大市《おおいち》と思われ、彼の子孫は五世紀後葉に利根川と荒川が合流する辺りに市場を開設していたとみられるもので、その地は金象嵌《ぞうがん》の稲荷山鉄剣を出した埼玉県の埼玉《さきたま》古墳群（行田市）にほかなりません。

また、荒河刀弁は上毛野《かみつけぬ》氏の祖先とされていますが、娘を采女《うねめ》として帝に差し出すことによってヤマト王権に従うことを表明し、ヤマト王権がそれを受け入れたのは、その子を毛野国に封じることによって広大な関東・東北の覇権を掌握するという狙いがあったからでしょう。

事実、古墳時代以降の毛野国は東国統治の要となっており、国造《くにのみやつこ》も圧倒的にここから出た者が多く、後年には上毛野氏と下毛野氏に分かれました。東国における古墳築造の始まりは四世紀中葉に造られた次の二つの古墳からといわれ、いずれも毛野国にあります。

古代毛野国の古墳

①前橋天神山古墳（前橋市）

全長一二六mの前方後円墳　粘土《ねんど》槨《かく》割竹形木棺《わりたけがたもっかん》
三角縁神獣鏡二（桜井茶臼山と同范鏡一）
三段式神仙鏡一・二禽二獣鏡一・変形獣形鏡一
素環頭鉄大刀一・鉄刀六・鉄剣一二・鉄鏃七八
鉄斧三・鉄槍鉋《やりがんな》二三・鉄鑿《のみ》三・鉄刀子一
碧玉製紡錘車《へきぎょくせいぼうすいしゃ》四が出土
四世紀中葉の築造

②前橋八幡山古墳（前橋市）　全長一三〇ｍの前方後方墳
古墳は破壊され出土物皆無

四世紀中葉の築造

①は出土物からみて豊城入彦の古墳である可能性が高いとみられ、鉄製品の豊富なことが特徴的ですから出自は鍛冶族となり、水田開発や古墳といった土木工事に必要な各種の道具を作る条件が整っていました。②は同時期に低湿地帯を開発するため旧狗奴国が派遣した首長の古墳とみられます。

この年代が明確になったのは、四世紀初頭に浅間山の大噴火があってその火山灰が①の下層に見られたことによるものでした。なお、毛野国は六世紀初頭と中頃に榛名《はるな》山《さん》の大噴火があって壊滅的な被害を受け、関東地方の広い地域に降灰をもたらしています。

利根川や鬼怒川の遊水地帯にあたる毛野の低湿地帯は、一面の篠原で文字通り毛野の荒れ地であったとみられますが、四世紀になると急速に開発が進み、徳丸仲田遺跡

（前橋市）では奈良県の纏向《まきむく》遺跡（桜井市）同様の水路の掘削も認められました。

四道将軍の派遣

日本書紀によれば崇神帝一〇年に四道将軍が各方面に派遣されていますが、奈良時代にみられる将軍とは朝廷に従わない者を制圧するために臨時的に置かれた役職なので、類似の役職だったのでしょう。

そのとき、開化帝の兄であった大彦《おおひこ》は平定のため越《こし》の道（北陸道）に派遣されました。飛鳥時代のころから北陸で勢力を張っていた阿倍氏の先祖は大彦とされ、北陸・出羽・陸奥北部（岩手県北部）には大彦を祀った古四王《こしおう》（越王・胡四王）神社が今でも数多くあります。

また、先述の稲荷山古墳から出土した鉄剣は雄略帝の時代に下賜されたもので、その銘文から四七一年と特定されているものですが、それには意富比垝《おおひこ》→多加利足尼《たからのすくね》→弖巳加利獲居《たじからわけ》→多加披次獲居《たかはしわけ》→多沙鬼獲居《たさきわけ》→半弖比《ほてい》→乎獲居臣《おわけのおみ》（四七一年）の七代に渡る血統が記されており、初代の意富比垝《おおひこ》を大彦と同じ人物とみる見方があります。荒河刀弁との関係からみればその親族が中央で大彦に仕え、その子孫もまた武人として大彦の子孫に仕えた可能性は高いと考えられます。

一方、大彦の息子の武渟《たけぬ》川別《かわのわけ》は東方の一二道に派遣されたと古事記にあり、東海道に沿った一二国とするのが通説です。しかし、その国とは狗奴国の影響が強かった東海の国ではなく、卑弥呼女王と壱與女王が大市を派遣していた関東の一二国のことであり、その目的は豊城入彦を毛野国に送り込むための地ならしとみられ、『魏志』にある二一カ国の傍国に入っている国のことでしょう。このとき西海に派遣された吉《き》備津彦《びつひこ》と丹波に派遣された丹波道主《たにわのみちぬし》の目的も同じことで、邪馬壹国と連合を組んでいた国々を従わせるための派遣であったとみられます。

つまり、崇神帝は邪馬壹国の人ではなく、同連合に加入していた河内・和泉を本拠地とする大和川グループに属していたことから、就任後の権力保持に不安があったのでしょう。『記紀』が伝える武埴安彦《たけはにやすひこ》の反乱予知はそれが的中したもので、武埴は邪馬壹国の有力豪族で狗奴国とも取引があったと想定される山城の木津川グループに属し、帝位をめぐって何らかの争いがあり、敗れたことによって娘か妻を差し出していたことの記述と考えられました。

三　ヤマト国の古墳造成

ヤマト国の都は南北軸

奈良盆地東南の纏向遺跡の辺りにあったヤマト国の都は、東側に秀麗な三輪山があってなだらかな山麓が西方に延びているので、何となく近江盆地の三上山周辺と似ています。

ところが、先に見た邪馬壹国の都のつくりとはまるで違うことが一目でわかり、思想の根幹が異なっていたことを感じさせるものです。なぜなら、陰陽思想に基づけば居住地は東方に、墓地は西方に設けるという手法が常道であったにもかかわらず、墓地が東方にある光景が何とも言えない奇妙さを感じるからです。

山の辺の道という三輪山山麓の横断歩道の近くに、崇神帝の陵墓とされる行燈山《あんどんやま》古墳をはじめとする初期ヤマト王権の帝墓といわれる前方後円墳がずらりと並んでいるのですが、どうみても都の集落がこの近くにあったとは考えられません。

纒向遺跡はその下方にあってここに王宮や都が置かれていたとみる説もありますが、肉親が死んだとき穢《けがれ》を洗い流すため禊《みそぎ》をする習慣を持っていた人々が、墳墓の近くで生活をしたとは思えません。纒向遺跡はおそらく祭祀場と古墳を造っていた人々の集落があっただけで、王宮は桜井市金屋・海石榴市《つばいち》付近にあったとする見方が正しいとみられます。

すると、巻向川《まきむく》の川べりに祭祀場を設け、その北に墓地を、南に王宮を設けたことになり、太陽を重視する東西軸ではなく、北極星を重視する南北軸を重視して陰陽のバランスを取ったことがわかります。つまり、崇神帝は邪馬壹国では夜を担当する男弟王（月神）であったものが、ヤマト国では夜を担当する大兄王（北極星神即ち天神）になったというわけです。

陰陽のバランス軸をこれほどまでに変えた理由はどこにあったのでしょうか。前述のとおり、日本列島の地形は急峻な川が多いため降雨はあっという間に海へ流れ下ります。奈良盆地は降雨が少なく湧水に恵まれた土地柄でもないので、日照りの干ばつに見舞われることが多く、本来であれば水田開発や大勢の人が住む都には不適な所だったのでしょう。

崇神帝は先住の三輪氏や志木氏からその事情を聴いて対策を講じることとなり、三輪山山麓に環濠古墳という人工のため池を造ることを思い付いたのだと想定されました。その先駆けとなったのが、同じ悩みを持っていた東瀬戸内における環濠付きの円墳や前方後円形墳丘墓だったと思われます。

ため池を造るため残土を古墳に用い、その形式が統一王権の重要な統治手段となったことをみれば、一石数鳥にも及ぶ大偉業です。先住の豪族が喜んで作業に従事するのは当然のことで、雨乞いのために若い女子を水神である竜蛇神に捧げることに比べれば、遥かに合理的で効果も目に見えてわかります。

また、河口周辺の広大な平野では毎年洪水の不安を抱えて暮らす生活を強いられますが、上流の丘陵地にあるに多くの沢々にため池を造れば、沢地を水田に開発することが可能となるだけではなく、下流の河内や和泉では洪水の被災を抑制できる、つまり両国がヤマト王権に服属しやすいというメリットが生じます。

仮にこの手法を邪馬壹国の近江で導入したとすれば、それは無用の長物となって民人から反発を受けるだけです。倭国の統一に偉大な足跡を残した邪馬壹国の都に、巨大な古墳がないので物足りなさや権力基盤の弱体性を感じる向きもあるかと思いますが、郷に入っては郷に従えです。

環濠古墳に必要な土木工事の技術は、弥生の環濠集落築造工事において培われてきたものですが、洪水被害の多かった倭国では一層の応用技術が求められるとともに、漁労と洪水時の避難に使う舟も必要だったのでしょう。こうした技術を応用して新しい都の建設を行うにはうってつけの崇神帝が、統一ヤマト国の初代大兄王に選出されたとしても不思議ではありません。

中国の堯《ぎょう》・舜《しゅん》・禹《う》という伝説的な古代の王らは風水師でもありますが、どのような治水工事を行ったのか定かではありません。ため池造成を広めて水田開発を行った著名人に奈良時代の行基《ぎょうき》と平安時代の空海がおり、彼らはその実績によって庶民の支持を得、教団を確立したのですが、帝はその先駆者であったとみることができ、ため池を造ることはもちろんのこと、環濠集落や環濠古墳をため池として用いることは立派な利水工事になります。

ところが、史実中心の歴史学者の中には、墳墓や鏡で王朝を成した例が中国や朝鮮にはないので、統一王権を確立した理由は他にあるはずだという説がみられます。確かに、邪馬壹国が各地に大市を派遣して市場を開き、各種の工人を派遣してものづくりを行うことが統一の原動力となり、これをヤマト国が承継したことは疑いようもありません。

ただし、そこで造られたものが水田稲作農業をはじめとする生業に役立つのであれば、墳墓であろうと統一に資したとみることに問題はないはずです。戦争によって統一を成し遂げた大陸とそうではない倭国ではどこがどのように違うのか、その違いを認めることができるか否かに関わることです。

箸墓古墳と王権の移譲

日本書紀によれば崇神帝六年に、民人が逃亡や反抗をするので統治が難しくなり、天神地祇《てんじんちぎ》に祈りを捧げることとし、アマテラスとヤマトノオオクニタマの二柱を宮中において祭祀を行ったところ、神の力が強すぎて（干ばつとなって）不安となった。そこで、娘の豊鍬入姫《とよすきいりひめ》に命じてアマテラスを大和の笠縫邑《かさぬいむら》に祀り、ヤマトノオオクニタマは娘の渟名城入姫《ぬなきいりひめ》に預けて祀らせたが姫は髪が抜け落ちて祀ることができなかったとあります。

ここに出てくる笠縫邑とは大和にあるのではなく、近江の旧栗太《くりた》郡笠縫村（滋賀県草津市穴村町）であるとする説があり、ここはアメノヒボコを祀る安羅《あら》神社のあるところですが湧水に恵まれた土地であったとみられ、邪馬壹国の伊勢遺跡にも近いところですから、その恩恵にあやかろうとしたとみることができます。

また、同帝一〇年（二九八年ごろ）に帝の叔母である倭迹迹日百襲姫《やまとととひももそひめ》が三輪山のオオモノヌシと結婚をして死んだ話があり、姫の霊魂は雨乞いのため水神である三輪山の竜蛇神に奉げられたとみることができるものです。その姫の墓が箸墓《はしはか》古墳であって初めての前方後円墳ですが、明らかに干ばつ対策のために造られた大型のため池でもあり、一〇年がかりで成し遂げたとみれば、完成したのは三〇八年ごろと想定されます。

本来であればこのときの記事は、壱與女王の死亡と古墳造成の記事になるべきものですが、既述のとおりこうした神話をつくって置き換えたと解されます。なお、ヤマト国と密接な関係を有する前方後円墳の造成ですが、これまでは三世紀末に全国的な広がりがあったとする説が多かったものの、これまでる述べてきた観点からみれば、四世紀以降に下るとする見解が妥当なものとなります。

三輪山の山腹にある大神《おおみわ》神社から山の辺の道を北上し、巻向《まきむく》川に着いたところで川筋に沿って下ってゆくとまもなくホケノ山古墳が見え、前方には前方後円墳の第一号といわれる箸墓古墳が見えてきます。かつては古墳の周囲に環濠のあったことが確認されていますが今では見ることができず、古墳の盛り土に使われた跡地であるため池が隣にあります。また、見た目にはわからないのですが、古墳は貼り石で覆われているとなっています。その意味することは、被葬者が玉作族に属したことを示唆するものでしょう。

一方、渋谷向山《しぶたにむかいやま》・行燈山《あんどんやま》・西殿塚《にしとのづか》・桜井茶臼山《さくらいちゃうすやま》・メスリという巨大な前方後円墳は、初期ヤマト王権の帝墓といわれる古墳ですが、山の辺の道とほぼ同じ標高地にあって南北線上に列をなしています。箸墓古墳は卑弥呼女王もしくは壱與女王の墓といわれていますが、上記帝墓列に入っていないことからみて、被葬者は王権を確立した系統ではないことを暗にものがたっているのでしょう。この墓は別名を大市墓《おおいちばか》といい、この古墳の周辺では実際に市場が開かれ、物資運送のため河川と結ぶ掘割があったことがわかっています。墳墓地の周辺に市場を開設する手法は邪馬壹国のものですから、大市王でもあったとみられる女王に関係する古墳であるとの見方は妥当なものです。

崇神帝がここに巨大な女王の墓を造成した理由は、ため池対策だけとは思われません。狗奴国王の先祖は大地震の前の邪馬壹国王ですから、それらの王権が正式にヤマト国に移譲され、邪馬壹国連合と狗奴国同盟を合わせた盟主でもあることを世に示す必要があり、諸国の王らを集めて盛大な儀式を行うとともに、その場で従うことを誓約させるためであったとみられます。

その場に集まった主要国とは、祭祀場とみられる纏向遺跡から出土した土器からみて、東海・山陰・北陸・河内・吉備・関東・近江・西部瀬戸内・紀伊とされ、中でも東海系の土器が約半数を占めていることは王権の中心的存在であったことを示しています。

注目されるのは、邪馬壹国が統括していた北九州や造船に必要な木材確保のため大市を派遣していたとみられる宮崎県の児湯郡《こゆ》（『魏志』にある呼邑国《こゆ》を比定）など九州のものがみられないことです。晋の帯方郡が滅亡したのは三一四年ですから、そのころまでは郡との交易が続いていたことによるものかもしれません。

また、山陰と表示されている土器が出雲・伯耆《ほうき》・因幡《いなば》のどこのものなのか明らかではありません。仮に出雲だとすれば『記紀』の記述は事実ではなく、伯耆か因幡だとすれば出雲は崇神帝の即位に反対したとみられます。なお、前方後円墳の造成はこれまで三世紀末から全国的に行われたとする説が主流でしたが、既述の点からみれば実年代は四世紀以降とみられるものです。したがって、九州では最も古いといわれている福岡県の周防灘に面した豊前《ぶぜん》の石塚山古墳（苅田町）も四世紀以降のものとなり、

『記紀』に宗像三女神が登場していることを考慮したとき、ヤマト王権による朝鮮半島との交易ルートは対馬・壱岐ではなく沖ノ島・大島とみられ、邪馬壹国連合の遺産をそのまま引き継いだものでないと考えられるものです。

いずれにしても、年代からみれば壱與女王の死亡に伴って箸墓古墳が造成されたとみる以外ないものですが、そのとき近江にあったとみられる卑弥呼女王の墓を改装してここに埋葬した可能性はないのかということになります。しかし、当時の思想とすれば墳墓の破壊は凶中の凶であり、祟りの原因となるから厳重な封印を行っていたものでした。したがって、その可能性はないものの御霊《みたま》を遷すという思想と祭祀はあったと考えられます。

なぜなら、三輪山の神であるオオモノヌシは出雲のオオクニヌシの御霊を勧請《かんじょう》してきた神、つまり分霊してきた神という伝説があり、神社の分社はこうした思想に基づいて行われているからです。二人の女王が邪馬壹国連合を牽引した年月は一〇〇年を超えるとみられ、倭迹迹日百襲姫《やまとととひももそひめ》の名はそのことに由来するとみられるので、それを支えてきた大夫（豪族）がヤマト王権に入っていれば、その実績を無視することはできません。無視すれば抗争のぶり返しとなるだけでしょう。

なお、箸墓古墳の伝承に「夜は神が造り、昼は人が造った」とあるのは、祭政一致のまつりごとを言い表したもので、天神で祭事担当の大兄王は夜の担当、日神で政事担当の男弟王は昼の担当と役割分担が決まっているので、両者が協力して急いで造ったということでしょう。

おわりに

日本列島のほぼ中心地に位置し、交易上の通運に便利な邪馬壹国の近江にヤマト国が都を置かなかった最大の要因は、直轄地を定めて税を賦課するこれまでの方式のほかに、次の七施策を導入し倭国統一を目指したことにあったとみられます。

① 国の祭祀を正しい中心軸に改める。それには中国での天文観測結果を利用する必要があるので、洛陽の緯度地である北緯三四度九〇分付近の地に都を置く。

② 地震や洪水による災害の少ない場所を選択する。

③ 薪炭の調達に問題がない場所を選択する。

④ 主要豪族に倭国統一を意識させる。

⑤ 直轄外地に朝貢を義務付ける。

⑥ 最新の鉄器・土器・木器の販売を国の専管事項とする。

⑦ 古墳の形状と大きさを国の専管事項とする。

既述のとおり二八八年と目される崇神帝によるヤマト国の創設にあたっては、倭国大乱以前の邪馬壹国と同様の男王型になったとみられます。ところが、飛鳥時代の五九二年に推古《すいこ》女帝が誕生して女王型となったのは、王権を支える主要豪族であった物部氏と蘇我氏による激しい抗争の結果、異母兄であった崇峻《すしゅん》帝の暗殺という忌まわしい大事件が起きたことによるもので、邪馬壹国に卑弥呼女王が誕生した倭国大乱とよく似た状況です。

ところが、こうした統治形態は六〇〇年に推古女帝が遣隋使を派遣したとき、文帝から権力者を一本化するよう注意を受け廃止となりました。対等な国交関係を目指した日本とすればこのことは知られたくない機密事項ですから、『記紀』にはこれが載っていません。

したがって、飛鳥時代以前の倭国には明らかに二人の王がいて統治を分担していたにもかかわらず、『記紀』では一人の天皇によってなされたとする意図的な改変がなされ、その分だけ皇統譜が遡ったとみられることは否めません。

また、時代の流れからすれば四世紀末葉から五世紀初頭と思われる神功《じんぐう》皇后紀は、女帝が政権執行をした根拠をつくるため盛り込んだとみられるのですが、三世紀中葉に行われた卑弥呼女王による魏への朝貢や壱與女王による晋への朝貢を記載するなど、あまりにも現実離れをした内容ですから、神話の域を出ないことは皇后に贈られた諡《し》号《ごう》からみても明らかなことでしょう。

苦心惨憺を強いられることは覚悟のうえ、こうした観点から当時のことに関係するとみられる資料は、できるだけ多くのものを集めて解明に努めたつもりですが、衣食住に事欠く時代を忘れてしまった現代人にとって、日本列島の先住民である縄文人の文化を把握すること、また大陸から移住してきた人々が先導してきた弥生文化を理解することにも困難の山が立ちはだかります。大陸から日本列島に来た人々は先住の縄文人とどのように付き合ってきたのか、保持していた文化文明を気候風土や言語の異なる国に来てどのように活用してきたのか、到底理解のできない不思議なことだらけです。

しかし、文化文明の大きな転換は古代史だけではなく近代史にもあって、東西文明の大きな衝突がありました。であれば、現代はどうでしょうか。断然有利とみられていた西欧文明に行き詰まり感が目立ち、新たな価値観を求める動きがうねりとなり、中には東洋文明に解決の糸口を見出そうとする動きもみられます。取りも直さず、注目されているのが多神教の国である日本の動きです。いち早く西欧文明を導入しながら、培ってきた独自の文化を活用し、新たな道を切り開くのではないかとの期待感があるからでしょう。

海外から入ってきたものを独自のものに改める手法は、弥生時代から始まったものですが、その場合本家に遺されたものとは似ても似つかない変化をみせるとか、本元では全く失われてしまったものが残っているという日本流の対処の仕方に貴重性があるとみられているのです。

本著はそうした観点から構成を工夫するとともに、前著を総論とすれば本著が各論となるよう考えたつもりですが、邪馬壹国の所在をめぐる論争が終息に向かう端緒となれば幸いです。

平成二七年一〇月

千城　央

■参考文献（前著「近江にいた弥生の大倭王」記載分は割愛）

愛知県埋蔵文化財センター　一九九六年「埋蔵文化財愛知　No.45」

池田　知久　二〇一二年「淮南子」講談社学術文庫

石井　正巳　二〇〇八年「図説　古事記」河出書房新社

大島　正二　二〇〇七年「漢字伝来」岩波新書

貝塚茂樹外　二〇一三年「古代中国」講談社学術文庫

笠原　英彦　二〇〇四年「歴代天皇総覧」中公新書

上垣外憲一　二〇一四年「倭人と韓人」講談社学術文庫

岐阜県教育委員会　二〇一三年「岐阜県重要文化財の指定について」

金　達寿　二〇一〇年「日本古代史と朝鮮」講談社学術文庫

金　容雲　二〇〇九年「日本語の正体」三五館

窪　徳忠　二〇一〇年「道教の神々」講談社学術文庫

熊谷　公男　二〇一三年「大王から天皇へ」講談社学術文庫

瀧音　能之　二〇一〇年「古代史」新人物往来社

曾布川　寛　二〇一四年「漢鏡と戦国鏡の宇宙表現の図像とその系譜」

武末　純一　二〇〇二年「弥生の村」山川出版社
武末純一外　二〇一一年「弥生時代」河出書房新社
多田　一臣　二〇一四年「万葉語誌」筑摩選書
谷　　有二　二〇〇二年「山の名前で読み解く日本史」青春出版社
谷川　健一　二〇〇二年「日本の地名」岩波新書
谷川健一外　二〇一二年「地名の古代史」河出書房新社
玉田　芳英　二〇〇九年「史跡で読む日本の歴史　1」吉川弘文館
次田　真幸　二〇一四年「古事記（上）（下）」講談社学術文庫
畑井　　弘　二〇一一年「物部氏の伝承」講談社学術文庫
広瀬　和雄　二〇一〇年「前方後円墳の世界」岩波新書
前田　晴人　二〇〇六年「古代出雲」吉川弘文館
水野正好外　二〇一〇年「邪馬台国」雄山閣
石島和夫外　二〇一一年「古墳時代」河出書房新社
村井　康彦　二〇一三年「出雲と大和」岩波新書
養老町教育委員会　二〇一〇年「象鼻山古墳群発掘調査報告書」
吉野　裕子　二〇一三年「山の神」講談社学術文庫
若狭　　徹　二〇一三年「古墳時代ガイドブック」新泉社

■著者略歴

千城　央（ちぎ・ひさし）
本名、佐藤明男（さとう・あきお）。1946年宮城県生まれ。1969年山形大学文理学部文学科卒業。著書に『ゆりかごのヤマト王朝』(本の森)、『新版・ゆりかごのヤマト王朝』（無明舎出版)、『古代東北の城柵と北斗七星の祭祀』（無明舎出版)、『エミシとヤマト』（河北新報出版センター)、『近江にいた弥生の大倭王』（サンライズ出版）など。宮城県多賀城市在住。

邪馬壹国《やまいちこく》からヤマト国《こく》へ
近畿東海《きんきとうかい》が大地震《おおじしん》で倭国大乱《わこくたいらん》に

2015年10月30日　第1刷発行　N.D.C.210

著　者　千城　　央

発行者　岩根　順子

発行所　サンライズ出版株式会社
〒522-0004 滋賀県彦根市鳥居本町655-1
電話 0749-22-0627

印刷・製本　サンライズ出版

ISBN978-4-88325-583-2　Printed in Japan　定価はカバーに表示しています。